Lehrbuch
des Urheberrechts an Werken der Literatur und der Künste.

Von

Hermann Dungs,
Vortragendem Rate im Reichs-Justizamte.

Berlin 1910.
J. Guttentag, Verlagsbuchhandlung,
G. m. b. H.

Inhaltsverzeichnis.

III. Kapitel.
Vererbung, Übertragung und Erlöschen des Urheberrechts.

Gesetz, betreffend das Urheberrecht an Werken der Literatur und der Tonkunst.

Vom 19. Juni 1901.

(RGBl. 1901, Nr. 27, S. 227—239.)

Erster Abschnitt.

Voraussetzungen des Schutzes.

§ 1. Nach Maßgabe dieses Gesetzes werden geschützt:

1. die Urheber von Schriftwerken und solchen Vorträgen oder Reden, welche dem Zwecke der Erbauung, der Belehrung oder der Unterhaltung dienen;
2. die Urheber von Werken der Tonkunst;
3. die Urheber von solchen Abbildungen wissenschaftlicher oder technischer Art, welche nicht ihrem Hauptzwecke nach als Kunstwerke zu betrachten sind. Zu den Abbildungen gehören auch plastische Darstellungen.

§ 2. Urheber eines Werkes ist dessen Verfasser. Bei einer Übersetzung gilt der Übersetzer, bei einer sonstigen Bearbeitung der Bearbeiter als Urheber.

§ 3. Juristische Personen des öffentlichen Rechtes, die als Herausgeber ein Werk veröffentlichen, dessen Verfasser nicht auf dem Titelblatt, in der Zueignung, in der Vorrede oder am Schlusse genannt wird, werden, wenn nicht ein anderes vereinbart ist, als Urheber des Werkes angesehen.

§ 4. Besteht ein Werk aus den getrennten Beiträgen mehrerer (Sammelwerk), so wird für das Werk als Ganzes der Herausgeber als Urheber angesehen. Ist ein solcher nicht genannt, so gilt der Verleger als Herausgeber.

§ 5. Wird ein Schriftwerk mit einem Werke der Tonkunst oder mit Abbildungen verbunden, so gilt für jedes dieser Werke dessen Verfasser auch nach der Verbindung als Urheber.

§ 6. Haben mehrere ein Werk gemeinsam in der Weise verfaßt, daß ihre Arbeiten sich nicht trennen lassen, so besteht unter ihnen als Urhebern eine Gemeinschaft nach Bruchteilen im Sinne des Bürgerlichen Gesetzbuchs.

§ 7. Enthält ein erschienenes Werk auf dem Titelblatt, in der Zueignung, in der Vorrede oder am Schlusse den Namen eines Verfassers, so wird vermutet, daß dieser der Urheber des Werkes sei. Ist das Werk durch Beiträge mehrerer gebildet, so genügt es, wenn der Name an der Spitze oder am Schlusse des Beitrags angegeben ist.

Bei Werken, die unter einem anderen als dem wahren Namen des Verfassers oder ohne den Namen eines Verfassers erschienen sind, ist der Herausgeber, falls aber ein solcher nicht angegeben ist, der Verleger berechtigt, die Rechte des Urhebers wahrzunehmen.

Bei Werken, die vor oder nach dem Erscheinen öffentlich aufgeführt oder vorgetragen sind, wird vermutet, daß derjenige der Urheber sei, welcher bei der Ankündigung der Aufführung oder des Vortrags als Verfasser bezeichnet worden ist.

§ 8. Das Recht des Urhebers geht auf die Erben über.

Ist der Fiskus oder eine andere juristische Person gesetzlicher Erbe, so erlischt das Recht, soweit es dem Erblasser zusteht, mit dessen Tode.

Das Recht kann beschränkt oder unbeschränkt auf andere übertragen werden; die Übertragung kann auch mit der Begrenzung auf ein bestimmtes Gebiet geschehen.

§ 9. Im Falle der Übertragung des Urheberrechts hat der Erwerber, soweit nicht ein anderes vereinbart ist, nicht das Recht, an dem Werke selbst, an dessen Titel und an der Bezeichnung des Urhebers Zusätze, Kürzungen oder sonstige Änderungen vorzunehmen.

Zulässig sind Änderungen, für die der Berechtigte seine Einwilligung nach Treu und Glauben nicht versagen kann.

§ 10. Die Zwangsvollstreckung in das Recht des Urhebers oder in sein Werk findet gegen den Urheber selbst ohne dessen Einwilligung nicht statt; die Einwilligung kann nicht durch den gesetzlichen Vertreter erteilt werden. Gegen den Erben des Urhebers ist ohne seine Einwilligung die Zwangsvollstreckung nur zulässig, wenn das Werk erschienen ist.

Zweiter Abschnitt.

Befugnisse des Urhebers.

§ 11. Der Urheber hat die ausschließliche Befugnis, das Werk zu vervielfältigen und gewerbsmäßig zu verbreiten; die ausschließliche Befugnis erstreckt sich nicht auf das Verleihen. Der Urheber ist ferner, solange nicht der wesentliche Inhalt des Werkes öffentlich mitgeteilt ist, ausschließlich zu einer solchen Mitteilung befugt.

Das Urheberrecht an einem Bühnenwerk oder an einem Werke der Tonkunst enthält auch die ausschließliche Befugnis, das Werk öffentlich aufzuführen.

Der Urheber eines Schriftwerkes oder eines Vortrags hat, solange nicht das Werk erschienen ist, die ausschließliche Befugnis, das Werk öffentlich vorzutragen.

§ 12. Die ausschließlichen Befugnisse, die dem Urheber nach § 11 in Ansehung des Werkes selbst zustehen, erstrecken sich auch auf die Bearbeitungen des Werkes.

Die Befugnisse des Urhebers erstrecken sich insbesondere auf:

1. die Übersetzung in eine andere Sprache oder in eine andere Mundart derselben Sprache, auch wenn die Übersetzung in gebundener Form abgefaßt ist;
2. die Rückübersetzung in die Sprache des Originalwerkes;
3. die Wiedergabe einer Erzählung in dramatischer Form oder eines Bühnenwerkes in der Form einer Erzählung;
4. die Herstellung von Auszügen aus Werken der Tonkunst sowie von Einrichtungen solcher Werke für einzelne oder mehrere Instrumente oder Stimmen.

§ 13. Unbeschadet der ausschließlichen Befugnisse, die dem Urheber nach § 12 Abs. 2 zustehen, ist die freie Benutzung seines Werkes zulässig, wenn dadurch eine eigentümliche Schöpfung hervorgebracht wird.

Bei einem Werke der Tonkunst ist jede Benutzung unzulässig, durch welche eine Melodie erkennbar dem Werke entnommen und einer neuen Arbeit zugrunde gelegt wird.

§ 14. Im Falle der Übertragung des Urheberrechts verbleiben, soweit nicht ein anderes vereinbart ist, dem Urheber seine ausschließlichen Befugnisse:

1. für die Übersetzung eines Werkes in eine andere Sprache oder in eine andere Mundart;

2. für die Wiedergabe einer Erzählung in dramatischer Form oder eines Bühneswerkes in der Form einer Erzählung;
3. für die Bearbeitung eines Werkes der Tonkunst, soweit sie nicht bloß ein Auszug oder eine Übertragung in eine andere Tonart oder Stimmlage ist.

§ 15. Eine Vervielfältigung ohne Einwilligung des Berechtigten ist unzulässig, gleichviel durch welches Verfahren sie bewirkt wird; auch begründet es keinen Unterschied, ob das Werk in einem oder in mehreren Exemplaren vervielfältigt wird.

Eine Vervielfältigung zum persönlichen Gebrauch ist zulässig, wenn sie nicht den Zweck hat, aus dem Werke eine Einnahme zu erzielen.

§ 16. Zulässig ist der Abdruck von Gesetzbüchern, Gesetzen, Verordnungen, amtlichen Erlassen und Entscheidungen sowie von anderen zum amtlichen Gebrauche hergestellten amtlichen Schriften.

§ 17. Zulässig ist:
1. die Wiedergabe eines Vortrags oder einer Rede in Zeitungen oder Zeitschriften, sofern der Vortrag oder die Rede Bestandteil einer öffentlichen Verhandlung ist;
2. die Vervielfältigung von Vorträgen oder Reden, die bei den Verhandlungen der Gerichte, der politischen, kommunalen und kirchlichen Vertretungen gehalten werden.

   Die Vervielfältigung ist jedoch unzulässig, wenn sie in einer Sammlung erfolgt, die der Hauptsache nach Reden desselben Verfassers enthält.

§ 18. Zulässig ist der Abdruck einzelner Artikel aus Zeitungen, soweit die Artikel nicht mit einem Vorbehalte der Rechte versehen sind; jedoch ist nur ein Abdruck gestattet, durch den der Sinn nicht entstellt wird. Bei dem Abdruck ist die Quelle deutlich anzugeben.

Der Abdruck von Ausarbeitungen wissenschaftlichen, technischen oder unterhaltenden Inhalts ist, auch wenn ein Vorbehalt der Rechte fehlt, unzulässig.

Vermischte Nachrichten tatsächlichen Inhalts und Tagesneuigkeiten dürfen aus Zeitungen oder Zeitschriften stets abgedruckt werden.

§ 19. Zulässig ist die Vervielfältigung:
1. wenn einzelne Stellen oder kleinere Teile eines Schriftwerkes, eines Vortrags oder einer Rede nach der Veröffentlichung in einer selbständigen literarischen Arbeit angeführt werden;

2. wenn einzelne Aufsätze von geringem Umfang oder einzelne Gedichte nach dem Erscheinen in eine selbständige wissenschaftliche Arbeit aufgenommen werden;
3. wenn einzelne Gedichte nach dem Erscheinen in eine Sammlung aufgenommen werden, die Werke einer größeren Zahl von Schriftstellern vereinigt und ihrer Beschaffenheit nach zur Benutzung bei Gesangsvorträgen bestimmt ist;
4. wenn einzelne Aufsätze von geringem Umfang, einzelne Gedichte oder kleinere Teile eines Schriftwerkes nach dem Erscheinen in eine Sammlung aufgenommen werden, die Werke einer größeren Zahl von Schriftstellern vereinigt und ihrer Beschaffenheit nach für den Kirchen-, Schul- oder Unterrichtsgebrauch oder zu einem eigentümlichen literarischen Zwecke bestimmt ist. Bei einer Sammlung zu einem eigentümlichen literarischen Zwecke bedarf es, solange der Urheber lebt, seiner persönlichen Einwilligung.

Die Einwilligung gilt als erteilt, wenn der Urheber nicht innerhalb eines Monats, nachdem ihm von der Absicht des Verfassers Mitteilung gemacht ist, Widerspruch erhebt.

§ 20. Zulässig ist die Vervielfältigung, wenn kleinere Teile einer Dichtung oder Gedichte von geringem Umfange nach ihrem Erscheinen als Text zu einem neuen Werke der Tonkunst in Verbindung mit diesem wiedergegeben werden. Für eine Aufführung des Werkes darf die Dichtung auch allein wiedergegeben werden, sofern der Abdruck ausschließlich zum Gebrauche der Hörer bestimmt ist.

Unzulässig ist die Vervielfältigung von Dichtungen, die ihrer Gattung nach zur Komposition bestimmt sind.

§ 21. Zulässig ist die Vervielfältigung:

1. wenn einzelne Stellen eines bereits erschienenen Werkes der Tonkunst in einer selbständigen literarischen Arbeit angeführt werden;
2. wenn kleinere Kompositionen nach dem Erscheinen in eine selbständige wissenschaftliche Arbeit aufgenommen werden;
3. wenn kleinere Kompositionen nach dem Erscheinen in eine Sammlung aufgenommen werden, die Werke einer größeren Zahl von Komponisten vereinigt und ihrer Beschaffenheit nach für den Unterricht in Schulen mit Ausschluß der Musikschulen bestimmt ist.

§ 22. Zulässig ist die Vervielfältigung, wenn ein erschienenes Werk der Tonkunst auf solche Scheiben, Platten, Walzen, Bänder und ähnliche Bestandteile von Instrumenten übertragen wird, welche zur mechanischen

Wiedergabe von Musikstücken dienen. Diese Vorschrift findet auch auf auswechselbare Bestandteile Anwendung, sofern sie nicht für Instrumente verwendbar sind, durch die das Werk hinsichtlich der Stärke und Dauer des Tones und hinsichtlich des Zeitmaßes nach Art eines persönlichen Vortrags wiedergegeben werden kann.

§ 23. Zulässig ist die Vervielfältigung, wenn einem Schriftwerk ausschließlich zur Erläuterung des Inhalts einzelne Abbildungen aus einem erschienenen Werke beigefügt werden.

§ 24. Auf Grund der §§ 19 bis 23 ist die Vervielfältigung eines fremden Werkes nur zulässig, wenn an den wiedergegebenen Teilen keine Änderung vorgenommen wird. Jedoch sind, soweit der Zweck der Wiedergabe es erfordert, Übersetzungen eines Schriftwerkes und solche Bearbeitungen eines Werkes der Tonkunst gestattet, die nur Auszüge oder Übertragungen in eine andere Tonart oder Stimmlage oder Einrichtungen für die im § 22 bezeichneten Instrumente darstellen. Werden einzelne Aufsätze, einzelne Gedichte oder kleinere Teile eines Schriftwerkes in eine Sammlung zum Schulgebrauch aufgenommen, so sind die für diesen Gebrauch erforderlichen Änderungen gestattet, jedoch bedarf es, solange der Urheber lebt, seiner persönlichen Einwilligung. Die Einwilligung gilt als erteilt, wenn der Urheber nicht innerhalb eines Monats, nachdem ihm von der beabsichtigten Änderung Mitteilung gemacht ist, Widerspruch erhebt.

§ 25. Wer ein fremdes Werk nach Maßgabe der §§ 19 bis 23 benutzt, hat die Quelle deutlich anzugeben.

§ 26. Soweit ein Werk nach den §§ 16 bis 24 ohne Einwilligung des Berechtigten vervielfältigt werden darf, ist auch die Verbreitung, die öffentliche Aufführung, sowie der öffentliche Vortrag zulässig.

§ 27. Für öffentliche Aufführungen eines erschienenen Werkes der Tonkunst bedarf es der Einwilligung des Berechtigten nicht, wenn sie keinem gewerblichen Zwecke dienen und die Hörer ohne Entgelt zugelassen werden. Im übrigen sind solche Aufführungen ohne Einwilligung des Berechtigten zulässig:

1. wenn sie bei Volksfesten, mit Ausnahme der Musikfeste, stattfinden;
2. wenn der Ertrag ausschließlich für wohltätige Zwecke bestimmt ist und die Mitwirkenden keine Vergütung für ihre Tätigkeit erhalten;
3. wenn sie von Vereinen veranstaltet werden und nur die Mitglieder sowie die zu ihrem Hausstande gehörigen Personen als Hörer zugelassen werden.

Auf die bühnenmäßige Aufführung einer Oper oder eines sonstigen Werkes der Tonkunst, zu welchem ein Text gehört, finden diese Vorschriften keine Anwendung.

§ 28. Zur Veranstaltung einer öffentlichen Aufführung ist, wenn mehrere Berechtigte vorhanden sind, die Einwilligung eines jeden erforderlich.

Bei einer Oper oder einem sonstigen Werke der Tonkunst, zu welchem ein Text gehört, bedarf der Veranstalter der Aufführung nur der Einwilligung desjenigen, welchem das Urheberrecht an dem musikalischen Teile zusteht.

Dritter Abschnitt.

Dauer des Schutzes.

§ 29. Der Schutz des Urheberrechts endigt, wenn seit dem Tode des Urhebers dreißig Jahre und außerdem seit der ersten Veröffentlichung des Werkes zehn Jahre abgelaufen sind. Ist die Veröffentlichung bis zum Ablaufe von dreißig Jahren seit dem Tode des Urhebers nicht erfolgt, so wird vermutet, daß das Urheberrecht dem Eigentümer des Werkes zustehe.

§ 30. Steht das Urheberrecht an einem Werke mehreren gemeinschaftlich zu, so bestimmt sich, soweit der Zeitpunkt des Todes für die Schutzfrist maßgebend ist, deren Ablauf nach dem Tode des Letztlebenden.

§ 31. Ist der wahre Name des Urhebers nicht bei der ersten Veröffentlichung gemäß § 7 Abs. 1, 3 angegeben worden, so endigt der Schutz mit dem Ablaufe von dreißig Jahren seit der Veröffentlichung.

Wird der wahre Name des Urhebers binnen der dreißigjährigen Frist gemäß § 7 Abs. 1, 3 angegeben oder von dem Berechtigten zur Eintragung in die Eintragsrolle (§ 56) angemeldet, so finden die Vorschriften des § 29 Anwendung. Das Gleiche gilt, wenn das Werk erst nach dem Tode des Urhebers veröffentlicht wird.

§ 32. Steht einer juristischen Person nach den §§ 3, 4 das Urheberrecht zu, so endigt der Schutz mit dem Ablaufe von dreißig Jahren seit der Veröffentlichung. Jedoch endigt der Schutz mit dem Ablaufe der im § 29 bestimmten Fristen, wenn das Werk erst nach dem Tode des Verfassers veröffentlicht wird.

§ 33. Bei Werken, die aus mehreren in Zwischenräumen veröffentlichten Bänden bestehen, sowie bei fortlaufenden Berichten oder Heften wird jeder Band, jeder Bericht oder jedes Heft für die Berechnung der Schutzfristen als ein besonderes Werk angesehen.

Bei den in Lieferungen veröffentlichten Werken wird die Schutzfrist erst von der Veröffentlichung der letzten Lieferung an berechnet.

§ 34. Die Schutzfristen beginnen mit dem Ablaufe des Kalenderjahrs, in welchem der Urheber gestorben oder das Werk veröffentlicht worden ist.

§ 35. Soweit der in diesem Gesetze gewährte Schutz davon abhängt, ob ein Werk erschienen oder anderweit veröffentlicht oder ob der wesentliche Inhalt eines Werkes öffentlich mitgeteilt worden ist, kommt nur eine Veröffentlichung oder Mitteilung in Betracht, die der Berechtigte bewirkt hat.

Vierter Abschnitt.
Rechtsverletzungen.

§ 36. Wer vorsätzlich oder fahrlässig unter Verletzung der ausschließlichen Befugnis des Urhebers ein Werk vervielfältigt, gewerbsmäßig verbreitet oder den wesentlichen Inhalt eines Werkes öffentlich mitteilt, ist dem Berechtigten zum Ersatze des daraus entstehenden Schadens verpflichtet.

§ 37. Wer vorsätzlich oder fahrlässig unter Verletzung der ausschließlichen Befugnis des Urhebers ein Werk öffentlich aufführt oder öffentlich vorträgt, ist dem Berechtigten zum Ersatze des daraus entstehenden Schadens verpflichtet. Die gleiche Verpflichtung trifft denjenigen, welcher vorsätzlich oder fahrlässig eine dramatische Bearbeitung, die nach § 12 unzulässig ist, öffentlich aufführt.

§ 38. Mit Geldstrafe bis zu dreitausend Mark wird bestraft:

1. wer in anderen als den gesetzlich zugelassenen Fällen vorsätzlich ohne Einwilligung des Berechtigten ein Werk vervielfältigt oder gewerbsmäßig verbreitet;
2. wer in anderen als den gesetzlich zugelassenen Fällen vorsätzlich ohne Einwilligung des Berechtigten ein Bühnenwerk, ein Werk der Tonkunst oder eine dramatische Bearbeitung, die nach § 12 unzulässig ist, öffentlich aufführt oder ein Werk, bevor es erschienen ist, öffentlich vorträgt.

War die Einwilligung des Berechtigten nur deshalb erforderlich, weil an dem Werke selbst, an dessen Titel oder an der Bezeichnung des Urhebers Änderungen vorgekommen sind, so tritt Geldstrafe bis zu dreihundert Mark ein.

Soll eine nicht beizutreibende Geldstrafe in Gefängnisstrafe umgewandelt werden, so darf deren Dauer in den Fällen des Abs. 1 sechs Monate, in den Fällen des Abs. 2 einen Monat nicht übersteigen.

§ 39. Wer den wesentlichen Inhalt eines Werkes, bevor der Inhalt öffentlich mitgeteilt ist, vorsätzlich ohne Einwilligung des Berechtigten öffentlich mitteilt, wird mit Geldstrafe bis zu eintausendfünfhundert Mark bestraft. Soll eine nicht beizutreibende Geldstrafe in Gefängnisstrafe umgewandelt werden, so darf deren Dauer drei Monate nicht übersteigen.

§ 40. Auf Verlangen des Berechtigten kann neben der Strafe auf eine an ihn zu erlegende Buße bis zum Betrage von sechstausend Mark erkannt werden. Die zu dieser Buße Verurteilten haften als Gesamtschuldner.

Eine erkannte Buße schließt die Geltendmachung eines weiteren Anspruchs auf Schadensersatz aus.

§ 41. Die in den §§ 36 bis 39 bezeichneten Handlungen sind auch dann rechtswidrig, wenn das Werk nur zu einem Teile vervielfältigt, verbreitet, öffentlich mitgeteilt, aufgeführt oder vorgetragen wird.

§ 42. Die widerrechtlich hergestellten oder verbreiteten Exemplare und die zur widerrechtlichen Vervielfältigung ausschließlich bestimmten Vorrichtungen, wie Formen, Platten, Steine, Stereotypen, unterliegen der Vernichtung. Ist nur ein Teil des Werkes widerrechtlich hergestellt oder verbreitet, so ist auf Vernichtung dieses Teiles und der entsprechenden Vorrichtungen zu erkennen.

Gegenstand der Vernichtung sind alle Exemplare und Vorrichtungen, welche sich im Eigentume der an der Herstellung oder der Verbreitung Beteiligten sowie der Erben dieser Personen befinden.

Auf die Vernichtung ist auch dann zu erkennen, wenn die Herstellung oder die Verbreitung weder vorsätzlich noch fahrlässig erfolgt. Das Gleiche gilt, wenn die Herstellung noch nicht vollendet ist.

Die Vernichtung hat zu erfolgen, nachdem dem Eigentümer gegenüber rechtskräftig darauf erkannt ist. Soweit die Exemplare oder die Vorrichtungen in anderer Weise als durch Vernichtung unschädlich gemacht werden können, hat dies zu geschehen, falls der Eigentümer die Kosten übernimmt.

§ 43. Der Berechtigte kann statt der Vernichtung verlangen, daß ihm das Recht zuerkannt wird, die Exemplare und Vorrichtungen ganz oder teilweise gegen eine angemessene, höchstens dem Betrage der Herstellungskosten gleichkommende Vergütung zu übernehmen.

§ 44. Wer den Vorschriften des § 18 Abs. 1 oder des § 25 zuwider unterläßt, die benutzte Quelle anzugeben, wird mit Geldstrafe bis zu einhundertfünfzig Mark bestraft.

§ 45. Die Strafverfolgung in den Fällen der §§ 38, 39, 44 tritt nur auf Antrag ein. Die Zurücknahme des Antrags ist zulässig.

§ 46. Die Vernichtung der widerrechtlich hergestellten oder verbreiteten Exemplare und der zur widerrechtlichen Vervielfältigung ausschließlich bestimmten Vorrichtungen kann im Wege des bürgerlichen Rechtsstreits oder im Strafverfahren verfolgt werden.

§ 47. Auf die Vernichtung von Exemplaren oder Vorrichtungen kann auch im Strafverfahren nur auf besonderen Antrag des Berechtigten erkannt werden. Die Zurücknahme des Antrags ist bis zur erfolgten Vernichtung zulässig.

Der Berechtigte kann die Vernichtung von Exemplaren oder Vorrichtungen selbständig verfolgen. In diesem Falle finden die §§ 477 bis 479 der Strafprozeßordnung mit der Maßgabe Anwendung, daß der Berechtigte als Privatkläger auftreten kann.

§ 48. Die §§ 46, 47 finden auf die Verfolgung des im § 43 bezeichneten Rechtes entsprechende Anwendung.

§ 49. Für sämtliche Bundesstaaten sollen Sachverständigenkammern bestehen, die verpflichtet sind, auf Erfordern der Gerichte und der Staatsanwaltschaften Gutachten über die an sie gerichteten Fragen abzugeben.

Die Sachverständigenkammern sind befugt, auf Anrufen der Beteiligten über Schadensersatzansprüche, über die Vernichtung von Exemplaren oder Vorrichtungen sowie über die Zuerkennung des im § 43 bezeichneten Rechtes als Schiedsrichter zu verhandeln und zu entscheiden.

Der Reichskanzler erläßt die Bestimmungen über die Zusammensetzung und den Geschäftsbetrieb der Sachverständigenkammern.

Die einzelnen Mitglieder der Sachverständigenkammern sollen nicht ohne ihre Zustimmung und nicht ohne Genehmigung des Vorsitzenden von den Gerichten als Sachverständige vernommen werden.

§ 50. Der Anspruch auf Schadensersatz und die Strafverfolgung wegen Nachdrucks verjähren in drei Jahren.

Die Verjährung beginnt mit dem Tage, an welchem die Verbreitung der Nachdruckexemplare zuerst stattgefunden hat.

§ 51. Der Anspruch auf Schadensersatz und die Strafverfolgung wegen widerrechtlicher Verbreitung oder Aufführung sowie wegen widerrechtlichen Vortrags verjähren in drei Jahren. Das Gleiche gilt in den Fällen der §§ 36, 39.

Die Verjährung beginnt mit dem Tage, an welchem die widerrechtliche Handlung zuletzt stattgefunden hat.

§ 52. Der Antrag auf Vernichtung der widerrechtlich hergestellten oder verbreiteten Exemplare sowie der zur widerrechtlichen Vervielfältigung ausschließlich bestimmten Vorrichtungen ist so lange zulässig, als solche Exemplare oder Vorrichtungen vorhanden sind.

§ 53. Die Verjährung der nach dem § 44 strafbaren Handlung beginnt mit dem Tage, an welchem die erste Veröffentlichung stattgefunden hat.

Fünfter Abschnitt.

Schlußbestimmungen.

§ 54. Den Schutz genießen die Reichsangehörigen für alle ihre Werke, gleichviel ob diese erschienen sind oder nicht.

§ 55. Wer nicht Reichsangehöriger ist, genießt den Schutz für jedes seiner Werke, das im Inland erscheint, sofern er nicht das Werk selbst oder eine Übersetzung an einem früheren Tage im Auslande hat erscheinen lassen.

Unter der gleichen Voraussetzung genießt er den Schutz für jedes seiner Werke, das er im Inland in einer Übersetzung erscheinen läßt; die Übersetzung gilt in diesem Falle als das Originalwerk.

§ 56. Die Rolle für die im § 31 Abs. 2 vorgesehenen Eintragungen wird bei dem Stadtrate zu Leipzig geführt. Der Stadtrat bewirkt die Eintragungen, ohne die Berechtigung des Antragstellers oder die Richtigkeit der zur Eintragung angemeldeten Tatsachen zu prüfen.

Wird die Eintragung abgelehnt, so steht den Beteiligten die Beschwerde an den Reichskanzler zu.

§ 57. Der Reichskanzler erläßt die Bestimmungen über die Führung der Eintragsrolle. Die Einsicht der Eintragsrolle ist jedem gestattet. Aus der Rolle können Auszüge gefordert werden; die Auszüge sind auf Verlangen zu beglaubigen.

Die Eintragungen werden im Börsenblatte für den deutschen Buchhandel und, falls das Blatt zu erscheinen aufhören sollte, in einer anderen vom Reichskanzler zu bestimmenden Zeitung öffentlich bekannt gemacht.

§ 58. Eingaben, Verhandlungen, Bescheinigungen und sonstige Schriftstücke, welche die Eintragung in die Eintragsrolle betreffen, sind stempelfrei.

Für jede Eintragung, für jeden Eintragsschein sowie für jeden sonstigen Auszug aus der Eintragsrolle wird eine Gebühr von 1,50 Mark erhoben; außerdem hat der Antragsteller die Kosten für die öffentliche Bekanntmachung der Eintragung zu entrichten.

§ 59. In bürgerlichen Rechtsstreitigkeiten, in welchen durch Klage oder Widerklage ein Anspruch auf Grund der Vorschriften dieses Gesetzes geltend gemacht ist, wird die Verhandlung und Entscheidung letzter Instanz im Sinne des § 8 des Einführungsgesetzes zum Gerichtsverfassungsgesetze dem Reichsgerichte zugewiesen.

§ 60. Einem nachgelassenen Werke, das bei dem Inkrafttreten dieses Gesetzes noch nicht veröffentlicht ist, wird die im § 29 vorgesehene Schutzfrist auch dann zu Teil, wenn die bisherige Schutzfrist bereits abgelaufen ist.

§ 61. Der durch dieses Gesetz gewährte Schutz gegen Aufführung kann nach dessen Inkrafttreten einem Werke der Tonkunst, für welches das Aufführungsrecht bis dahin nicht vorbehalten war, dadurch gesichert werden, daß das Werk nachträglich mit dem Vorbehalte versehen wird. Jedoch ist die Aufführung eines solchen Werkes auch ferner ohne Einwilligung des Urhebers zulässig, sofern nicht bei der Aufführung Noten benutzt werden, die mit dem Vorbehalte versehen sind.

Die ausschließliche Befugnis zur öffentlichen Aufführung eines nach diesen Vorschriften geschützten Werkes steht dem Urheber zu.

§ 62. Die ausschließlichen Befugnisse des Urhebers eines geschützten Werkes bestimmen sich nach den Vorschriften dieses Gesetzes, auch wenn das Werk vor dessen Inkrafttreten entstanden ist. War jedoch eine Übersetzung oder sonstige Bearbeitung oder eine Sammlung, welche aus den Werken mehrerer Schriftsteller zum Schulgebrauche veranstaltet ist, vor dem Inkrafttreten dieses Gesetzes erlaubterweise ganz oder zum Teil erschienen, so bleibt die Befugnis des Bearbeiters zur Vervielfältigung, Verbreitung und öffentlichen Aufführung unberührt.

§ 63. Soweit eine Vervielfältigung, die nach dem Inkrafttreten dieses Gesetzes unzulässig ist, bisher erlaubt war, darf der bereits begonnene Druck von Exemplaren vollendet werden. Die vorhandenen

Vorrichtungen, wie Formen, Platten, Steine, Stereotypen, dürfen noch bis zum Ablaufe von sechs Monaten benutzt werden. Die Verbreitung der gemäß dieser Vorschriften hergestellten sowie der bereits vor dem Inkrafttreten dieses Gesetzes vollendeten Exemplare ist zulässig.

§ 64. Dieses Gesetz tritt mit dem 1. Januar 1902 in Kraft. Die §§ 1 bis 56, 61, 62 des Gesetzes, betreffend das Urheberrecht an Schriftwerken usw., vom 11. Juni 1870 (Bundes-Gesetzbl. S. 339) treten mit demselben Tage außer Kraft. Jedoch bleiben diese Vorschriften insoweit unberührt, als sie in den Reichsgesetzen über den Schutz von Werken der bildenden Künste, von Photographien sowie von Mustern und Modellen für anwendbar erklärt werden.

Gesetz, betreffend das Urheberrecht an Werken der bildenden Künste und der Photographie.

Vom 9. Januar 1907.

(RGBl. 1907, Nr. 3, S. 7—10.)

Erster Abschnitt.
Voraussetzungen des Schutzes.

§ 1. Die Urheber von Werken der bildenden Künste und der Photographie werden nach Maßgabe dieses Gesetzes geschützt.

§ 2. Die Erzeugnisse des Kunstgewerbes gehören zu den Werken der bildenden Künste. Das Gleiche gilt von Bauwerken, soweit sie künstlerische Zwecke verfolgen.

Als Werke der bildenden Künste gelten auch Entwürfe für Erzeugnisse des Kunstgewerbes sowie für Bauwerke der im Abs. 1 bezeichneten Art.

§ 3. Als Werke der Photographie gelten auch solche Werke, welche durch ein der Photographie ähnliches Verfahren hergestellt werden.

§ 4. Soweit Entwürfe als Werke der bildenden Künste anzusehen sind, findet das Gesetz, betreffend das Urheberrecht an Werken der Literatur und der Tonkunst, vom 19. Juni 1901 (Reichs-Gesetzbl. S. 227) auf sie keine Anwendung.

§ 5. Juristische Personen des öffentlichen Rechtes, die als Herausgeber ein Werk erscheinen lassen, das den Namen des Urhebers nicht angibt, werden, wenn nicht ein anderes vereinbart ist, als Urheber des Werkes angesehen.

§ 6. Besteht ein Werk aus den getrennten Beiträgen mehrerer (Sammelwerk), so wird für das Werk als Ganzes der Herausgeber als Urheber angesehen. Ist ein solcher nicht genannt, so gilt der Verleger als Herausgeber.

§ 7. Wird ein Werk der bildenden Künste mit einem Werke der Photographie verbunden, so gilt für jedes dieser Werke dessen Urheber auch nach der Verbindung als Urheber. Das Gleiche gilt, wenn ein Werk der bildenden Künste oder ein Werk der Photographie mit einem Werke der Literatur oder der Tonkunst oder mit einem geschützten Muster verbunden wird.

§ 8. Haben bei einem Werke mehrere in der Weise zusammengewirkt, daß ihre Arbeiten sich nicht trennen lassen, so besteht unter ihnen als Urhebern eine Gemeinschaft nach Bruchteilen im Sinne des Bürgerlichen Gesetzbuchs.

§ 9. Ist auf einem Werke der Name eines Urhebers angegeben oder durch kenntliche Zeichen ausgedrückt, so wird vermutet, daß dieser der Urheber des Werkes sei.

Bei Werken, die unter einem anderen als dem wahren Namen des Urhebers oder ohne den Namen eines Urhebers erschienen sind, ist der Herausgeber, falls aber ein solcher nicht angegeben ist, der Verleger berechtigt, die Rechte des Urhebers wahrzunehmen.

§ 10. Das Recht des Urhebers geht auf die Erben über.

Ist der Fiskus oder eine andere juristische Person gesetzlicher Erbe, so erlischt das Recht, soweit es dem Erblasser zusteht, mit dessen Tode.

Das Recht kann beschränkt oder unbeschränkt auf andere übertragen werden; die Übertragung kann auch mit der Begrenzung auf ein bestimmtes Gebiet geschehen.

Die Überlassung des Eigentums an einem Werke schließt, soweit nicht ein anderes vereinbart ist, die Übertragung des Rechtes des Urhebers nicht in sich.

§ 11. Über einen Beitrag, der für eine Zeitung, eine Zeitschrift oder ein sonstiges periodisches Sammelwerk zur Veröffentlichung angenommen wird, darf der Urheber anderweit verfügen, sofern nicht aus den Umständen zu entnehmen ist, daß der Verleger das ausschließliche Recht zur Vervielfältigung und Verbreitung erhalten soll.

Über einen Beitrag, für welchen der Verleger das ausschließliche Recht zur Vervielfältigung und Verbreitung erhalten hat, darf, soweit nicht ein anderes vereinbart ist, der Urheber anderweit verfügen, wenn seit dem Ablaufe des Kalenderjahrs, in welchem der Beitrag erschienen ist, ein Jahr verstrichen ist.

Auf Beiträge zu einem nicht periodischen Sammelwerke finden diese Vorschriften insoweit Anwendung, als dem Urheber ein Anspruch auf Vergütung für den Beitrag nicht zusteht.

§ 12. Im Falle der Übertragung des Urheberrechts hat der Erwerber, soweit nicht ein anderes vereinbart ist, nicht das Recht, bei der Ausübung seiner Befugnisse an dem Werke selbst, an dessen Bezeichnung oder an der Bezeichnung des Urhebers Änderungen vorzunehmen.

Zulässig sind Änderungen, für die der Berechtigte seine Einwilligung nach Treu und Glauben nicht versagen kann.

§ 13. Der Name oder der Namenszug des Urhebers darf auf dem Werke von einem anderen als dem Urheber selbst nur mit dessen Einwilligung angebracht werden.

§ 14. Die Zwangsvollstreckung in das Recht des Urhebers findet gegen den Urheber selbst ohne dessen Einwilligung nicht statt; die Einwilligung kann nicht durch den gesetzlichen Vertreter erteilt werden.

Gegen den Erben des Urhebers ist ohne seine Einwilligung die Zwangsvollstreckung nur zulässig, wenn das Werk oder eine Vervielfältigung davon erschienen ist.

Die gleichen Vorschriften gelten für die Zwangsvollstreckung in solche Formen, Platten, Steine oder sonstige Vorrichtungen, welche ausschließlich zur Vervielfältigung des Werkes bestimmt sind.

Zweiter Abschnitt.
Befugnisse des Urhebers.

§ 15. Der Urheber hat die ausschließliche Befugnis, das Werk zu vervielfältigen, gewerbsmäßig zu verbreiten und gewerbsmäßig mittelst mechanischer oder optischer Einrichtungen vorzuführen; die ausschließliche Befugnis erstreckt sich nicht auf das Verleihen. Als Vervielfältigung gilt auch die Nachbildung, bei Bauwerken und Entwürfen für Bauwerke auch das Nachbauen.

Auch wer durch Nachbildung eines bereits vorhandenen Werkes ein anderes Werk der bildenden Künste oder der Photographie hervorbringt, hat die im Abs. 1 bezeichneten Befugnisse; jedoch darf er diese Befugnisse, sofern der Urheber des Originalwerkes gleichfalls Schutz genießt, nur mit dessen Einwilligung ausüben.

§ 16. Die freie Benutzung eines Werkes ist zulässig, wenn dadurch eine eigentümliche Schöpfung hervorgebracht wird.

§ 17. Eine Vervielfältigung ohne Einwilligung des Berechtigten ist unzulässig, gleichviel durch welches Verfahren sie bewirkt wird; auch begründet es keinen Unterschied, ob das Werk in einem oder in mehreren Exemplaren vervielfältigt wird.

§ 18. Eine Vervielfältigung zum eigenen Gebrauch ist mit Ausnahme des Nachbauens zulässig, wenn sie unentgeltlich bewirkt wird.

Bei Bildnissen einer Person ist dem Besteller und seinem Rechtsnachfolger gestattet, soweit nicht ein anderes vereinbart ist, das Werk zu vervielfältigen. Ist das Bildnis ein Werk der bildenden Künste, so darf, solange der Urheber lebt, unbeschadet der Vorschrift des Abs. 1 die Vervielfältigung nur im Wege der Photographie erfolgen.

Verboten ist es, den Namen oder eine sonstige Bezeichnung des Urhebers des Werkes in einer Weise auf der Vervielfältigung anzubringen, die zu Verwechselungen Anlaß geben kann.

§ 19. Zulässig ist die Vervielfältigung und Verbreitung, wenn einzelne Werke in eine selbständige wissenschaftliche Arbeit oder in ein für den Schul- oder Unterrichtsgebrauch bestimmtes Schriftwerk ausschließlich zur Erläuterung des Inhalts aufgenommen werden. Auf Werke, die weder erschienen noch bleibend öffentlich ausgestellt sind, erstreckt sich diese Befugnis nicht.

Wer ein fremdes Werk in dieser Weise benutzt, hat die Quelle, sofern sie auf dem Werke genannt ist, deutlich anzugeben.

§ 20. Zulässig ist die Vervielfältigung von Werken, die sich bleibend an öffentlichen Wegen, Straßen oder Plätzen befinden, durch malende oder zeichnende Kunst oder durch Photographie. Die Vervielfältigung darf nicht an einem Bauwerk erfolgen.

Bei Bauwerken erstreckt sich die Befugnis zur Vervielfältigung nur auf die äußere Ansicht.

Soweit ein Werk hiernach vervielfältigt werden darf, ist auch die Verbreitung und Vorführung zulässig.

§ 21. Eine Vervielfältigung auf Grund der §§ 19, 20 ist nur zulässig, wenn an dem wiedergegebenen Werke keine Änderung vorgenommen wird. Jedoch sind Übertragungen des Werkes in eine andere Größe und solche Änderungen gestattet, welche das für die Vervielfältigung angewendete Verfahren mit sich bringt.

§ 22. Bildnisse dürfen nur mit Einwilligung des Abgebildeten verbreitet oder öffentlich zur Schau gestellt werden. Die Einwilligung gilt im Zweifel als erteilt, wenn der Abgebildete dafür, daß er sich abbilden ließ, eine Entlohnung erhielt. Nach dem Tode des Abgebildeten bedarf es bis zum Ablaufe von zehn Jahren der Einwilligung der Angehörigen des Abgebildeten. Angehörige im Sinne dieses Gesetzes sind der überlebende Ehegatte und die Kinder des Abgebildeten, und wenn weder ein Ehegatte noch Kinder vorhanden sind, die Eltern des Abgebildeten.

§ 23. Ohne die nach § 22 erforderliche Einwilligung dürfen verbreitet und zur Schau gestellt werden:

1. Bildnisse aus dem Bereiche der Zeitgeschichte;
2. Bilder, auf denen die Personen nur als Beiwerk neben einer Landschaft oder sonstigen Örtlichkeit erscheinen;
3. Bilder von Versammlungen, Aufzügen und ähnlichen Vorgängen, an denen die dargestellten Personen teilgenommen haben;
4. Bildnisse, die nicht auf Bestellung angefertigt sind, sofern die Verbreitung oder Schaustellung einem höheren Interesse der Kunst dient.

Die Befugnis erstreckt sich jedoch nicht auf eine Verbreitung und Schaustellung, durch die ein berechtigtes Interesse des Abgebildeten oder, falls dieser verstorben ist, seiner Angehörigen verletzt wird.

§ 24. Für Zwecke der Rechtspflege und der öffentlichen Sicherheit dürfen von den Behörden Bildnisse ohne Einwilligung des Berechtigten sowie des Abgebildeten oder seiner Angehörigen vervielfältigt, verbreitet und öffentlich zur Schau gestellt werden.

Dritter Abschnitt.

Dauer des Schutzes.

§ 25. Der Schutz des Urheberrechts an einem Werke der bildenden Künste endigt, wenn seit dem Tode des Urhebers dreißig Jahre abgelaufen sind.

Steht einer juristischen Person nach §§ 5, 6 das Urheberrecht zu, so endigt der Schutz mit dem Ablaufe von dreißig Jahren seit dem Erscheinen des Werkes. Jedoch endigt der Schutz mit dem Ablaufe der im Abs. 1 bestimmten Frist, wenn das Werk erst nach dem Tode desjenigen erscheint, welcher es hervorgebracht hat.

§ 26. Der Schutz des Urheberrechts an einem Werke der Photographie endigt mit dem Ablaufe von zehn Jahren seit dem Erscheinen des Werkes. Jedoch endigt der Schutz mit dem Ablaufe von zehn Jahren seit dem Tode des Urhebers, wenn bis zu dessen Tode das Werk noch nicht erschienen war.

§ 27. Steht das Urheberrecht an einem Werke mehreren gemeinschaftlich zu, so bestimmt sich, soweit der Zeitpunkt des Todes für die Schutzfrist maßgebend ist, deren Ablauf nach dem Tode des Letztlebenden.

§ 28. Bei Werken, die aus mehreren in Zwischenräumen veröffentlichten Abteilungen bestehen, sowie bei fortlaufenden Blättern oder Heften wird jede Abteilung, jedes Blatt oder Heft für die Berechnung der Schutzfristen als ein besonderes Werk angesehen.

Bei den in Lieferungen veröffentlichten Werken wird die Schutzfrist erst von der Veröffentlichung der letzten Lieferung an berechnet.

§ 29. Die Schutzfristen beginnen mit dem Ablaufe des Kalenderjahrs, in welchem der Urheber gestorben oder das Werk erschienen ist.

§ 30. Soweit der in diesem Gesetze gewährte Schutz davon abhängt, ob ein Werk erschienen ist, kommt nur ein Erscheinen in Betracht, das der Berechtigte bewirkt hat.

Vierter Abschnitt.

Rechtsverletzungen.

§ 31. Wer vorsätzlich oder fahrlässig unter Verletzung der ausschließlichen Befugnis des Urhebers ein Werk vervielfältigt, gewerbsmäßig verbreitet oder gewerbsmäßig mittelst mechanischer oder optischer Einrichtungen vorführt, ist dem Berechtigten zum Ersatze des daraus entstehenden Schadens verpflichtet.

§ 32. Wer in anderen als den gesetzlich zugelassenen Fällen vorsätzlich ohne Einwilligung des Berechtigten ein Werk vervielfältigt, gewerbsmäßig verbreitet oder gewerbsmäßig mittelst mechanischer oder optischer Einrichtungen vorführt, wird mit Geldstrafe bis zu dreitausend Mark bestraft.

War die Einwilligung des Berechtigten nur deshalb erforderlich, weil an dem Werke selbst, an dessen Bezeichnung oder an der Bezeichnung des Urhebers Änderungen vorgenommen sind, so tritt Geldstrafe bis zu dreihundert Mark ein.

Soll eine nicht beizutreibende Geldstrafe in Gefängnisstrafe umgewandelt werden, so darf deren Dauer in den Fällen des Abs. 1 sechs Monate, in den Fällen des Abs. 2 einen Monat nicht übersteigen.

§ 33. Mit Geldstrafe bis zu eintausend Mark wird bestraft:

1. wer der Vorschrift des § 18 Abs. 3 zuwider vorsätzlich den Namen oder eine sonstige Bezeichnung des Urhebers des Werkes auf der Vervielfältigung anbringt;
2. wer den Vorschriften der §§ 22, 23 zuwider vorsätzlich ein Bildnis verbreitet oder öffentlich zur Schau stellt.

Soll eine nicht beizutreibende Geldstrafe in Gefängnisstrafe umgewandelt werden, so darf deren Dauer zwei Monate nicht übersteigen.

§ 34. Wer der Vorschrift des § 13 zuwider vorsätzlich auf dem Werke den Namen oder den Namenszug des Urhebers anbringt, wird mit Geldstrafe bis zu dreihundert Mark bestraft.

Soll eine nicht beizutreibende Geldstrafe in Gefängnisstrafe umgewandelt werden, so darf deren Dauer einen Monat nicht übersteigen.

§ 35. Auf Verlangen des Verletzten kann neben der Strafe auf eine an ihn zu erlegende Buße bis zum Betrage von sechstausend Mark erkannt werden. Die zu dieser Buße Verurteilten haften als Gesamtschuldner.

Eine erkannte Buße schließt die Geltendmachung eines weiteren Anspruchs auf Schadensersatz aus.

§ 36. Die in den §§ 31, 32 bezeichneten Handlungen sind auch dann rechtswidrig, wenn das Werk nur zu einem Teile vervielfältigt, verbreitet oder vorgeführt wird.

§ 37. Die widerrechtlich hergestellten, verbreiteten oder vorgeführten Exemplare und die zur widerrechtlichen Vervielfältigung oder Vorführung ausschließlich bestimmten Vorrichtungen, wie Formen, Platten, Steine, unterliegen der Vernichtung. Das Gleiche gilt von den widerrechtlich verbreiteten oder öffentlich zur Schau gestellten Bildnissen und den zu deren Vervielfältigung ausschließlich bestimmten Vorrichtungen. Ist nur ein Teil des Werkes widerrechtlich hergestellt, verbreitet oder vorgeführt, so ist auf Vernichtung dieses Teiles und der entsprechenden Vorrichtungen zu erkennen.

Gegenstand der Vernichtung sind alle Exemplare und Vorrichtungen, welche sich im Eigentume der an der Herstellung, der Verbreitung, der Vorführung oder der Schaustellung Beteiligten sowie der Erben dieser Personen befinden.

Auf die Vernichtung ist auch dann zu erkennen, wenn die Herstellung, die Verbreitung, die Vorführung oder die Schaustellung weder vorsätzlich noch fahrlässig erfolgt. Das Gleiche gilt, wenn die Herstellung noch nicht vollendet ist.

Die Vernichtung hat zu erfolgen, nachdem dem Eigentümer gegenüber rechtskräftig darauf erkannt ist. Soweit die Exemplare oder die Vorrichtungen in anderer Weise als durch Vernichtung unschädlich gemacht werden können, hat dies zu geschehen, falls der Eigentümer die Kosten übernimmt.

Vorstehende Bestimmungen finden auf Bauwerke keine Anwendung.

§ 38. Der Verletzte kann statt der Vernichtung verlangen, daß ihm das Recht zuerkannt wird, die Exemplare und Vorrichtungen ganz oder teilweise gegen eine angemessene, höchstens dem Betrage der Herstellungskosten gleichkommende Vergütung zu übernehmen.

§ 39. Unterliegt auf Grund des § 37 Abs. 1 ein Sammelwerk oder eine sonstige, aus mehreren verbundenen Werken bestehende Sammlung nur zum Teil der Vernichtung, so kann der Eigentümer von Exemplaren, die Gegenstand der Vernichtung sein würden, beantragen, daß ihm die Befugnis zugesprochen werde, die Vernichtung durch Zahlung einer Vergütung an den Verletzten abzuwenden und die Exemplare gewerbsmäßig zu verbreiten. Der Antrag ist unzulässig, wenn der Eigentümer die ausschließliche Befugnis des Urhebers vorsätzlich oder fahrlässig verletzt hat.

Das Gericht kann dem Antrag entsprechen, sofern durch die Vernichtung dem Eigentümer ein unverhältnismäßiger Schaden entstehen würde. Den Betrag der Vergütung bestimmt das Gericht nach billigem Ermessen.

Auf die Vernichtung eines den Vorschriften der §§ 22, 23 zuwider verbreiteten oder zur Schau gestellten Bildnisses finden diese Vorschriften keine Anwendung.

§ 40. Wer der Vorschrift des § 19 Abs. 2 zuwider unterläßt, die benutzte Quelle anzugeben, wird mit Geldstrafe bis zu einhundertfünfzig Mark bestraft.

§ 41. Die Strafverfolgung in den Fällen der §§ 32, 33, 40 tritt nur auf Antrag ein. Die Zurücknahme des Antrags ist zulässig.

§ 42. Die Vernichtung der Exemplare und der Vorrichtungen kann im Wege des bürgerlichen Rechtsstreits oder im Strafverfahren verfolgt werden.

§ 43. Auf die Vernichtung von Exemplaren oder Vorrichtungen kann auch im Strafverfahren nur auf besonderen Antrag des Verletzten erkannt werden. Die Zurücknahme des Antrags ist bis zur erfolgten Vernichtung zulässig.

Der Verletzte kann die Vernichtung von Exemplaren oder Vorrichtungen selbständig verfolgen. In diesem Falle finden die §§ 477 bis 479 der Strafprozeßordnung mit der Maßgabe Anwendung, daß der Verletzte als Privatkläger auftreten kann.

§ 44. Die §§ 42, 43 finden auf die Verfolgung des im § 38 bezeichneten Rechtes entsprechende Anwendung.

§ 45. Der im § 39 bezeichnete Antrag ist, falls ein auf die Vernichtung gerichtetes Verfahren bereits anhängig ist, in diesem Verfahren zu stellen. Ist ein Verfahren noch nicht anhängig, so kann der Antrag nur im Wege des bürgerlichen Rechtsstreits bei dem Gericht angebracht werden, das für den Antrag auf Vernichtung der Exemplare zuständig ist.

Dem Eigentümer kann im Wege einer einstweiligen Anordnung gestattet werden, die Vernichtung durch Sicherheitsleistung abzuwenden und die Exemplare gewerbsmäßig zu verbreiten; soll die Anordnung im Wege des bürgerlichen Rechtsstreits getroffen werden, so finden die Vorschriften über die einstweiligen Verfügungen Anwendung.

Wird dem Eigentümer nicht die Befugnis zugesprochen, die Vernichtung durch Zahlung einer Vergütung an den Verletzten abzuwenden und die Exemplare gewerbsmäßig zu verbreiten, so hat er, soweit auf Grund der einstweiligen Anordnung Exemplare von ihm verbreitet worden sind, dem Verletzten eine Vergütung zu gewähren. Den Betrag der Vergütung bestimmt das Gericht nach billigem Ermessen.

§ 46. Für sämtliche Bundesstaaten sollen Sachverständigenkammern bestehen, die verpflichtet sind, auf Erfordern der Gerichte und der Staatsanwaltschaften Gutachten über die an sie gerichteten Fragen abzugeben.

Die Sachverständigenkammern sind befugt, auf Anrufen der Beteiligten über Schadenersatzansprüche, über die Vernichtung von Exemplaren oder Vorrichtungen sowie über die Zuerkennung des im § 38 bezeichneten Rechtes als Schiedsrichter zu verhandeln und zu entscheiden.

Der Reichskanzler erläßt die Bestimmungen über die Zusammensetzung und den Geschäftsbetrieb der Sachverständigenkammern.

Die einzelnen Mitglieder der Sachverständigenkammern sollen nicht ohne ihre Zustimmung und nicht ohne Genehmigung des Vorsitzenden von den Gerichten als Sachverständige vernommen werden.

§ 47. Der Anspruch auf Schadensersatz und die Strafverfolgung wegen widerrechtlicher Vervielfältigung verjähren in drei Jahren.

Die Verjährung beginnt mit dem Tage, an welchem die Vervielfältigung vollendet ist. Ist die Vervielfältigung zum Zwecke der Verbreitung bewirkt, so beginnt die Verjährung erst mit dem Tage, an welchem eine Verbreitung stattgefunden hat.

§ 48. Der Anspruch auf Schadensersatz und die Strafverfolgung wegen widerrechtlicher Verbreitung oder Vorführung eines Werkes sowie die Strafverfolgung wegen widerrechtlicher Verbreitung oder Schaustellung eines Bildnisses verjähren in drei Jahren.

Die Verjährung beginnt mit dem Tage, an welchem die widerrechtliche Handlung zuletzt stattgefunden hat.

§ 49. Die Verjährung der nach § 40 strafbaren Handlung beginnt mit dem Tage, an welchem die erste Verbreitung stattgefunden hat.

§ 50. Der Antrag auf Vernichtung der Exemplare und der Vorrichtungen ist so lange zulässig, als solche Exemplare oder Vorrichtungen vorhanden sind.

Fünfter Abschnitt.
Schlußbestimmungen.

§ 51. Den Schutz des Urhebers genießen die Reichsangehörigen für alle ihre Werke, gleichviel ob diese erschienen sind oder nicht.

Wer nicht Reichsangehöriger ist, genießt den Schutz für jedes seiner Werke, das im Inland erscheint, sofern er nicht das Werk an einem früheren Tage im Auslande hat erscheinen lassen.

§ 52. In bürgerlichen Rechtsstreitigkeiten, in welchen durch Klage oder Widerklage ein Anspruch auf Grund der Vorschriften dieses Gesetzes geltend gemacht ist, wird die Verhandlung und Entscheidung letzter Instanz im Sinne des § 8 des Einführungsgesetzes zum Gerichtsverfassungsgesetze dem Reichsgerichte zugewiesen.

§ 53. Die ausschließlichen Befugnisse des Urhebers eines Werkes, daß zur Zeit des Inkrafttretens dieses Gesetzes geschützt ist, bestimmen sich nach dessen Vorschriften. Auf ein Werk der Photographie, das bei dem Inkrafttreten des Gesetzes noch nicht erschienen war, finden dessen Vorschriften auch dann Anwendung, wenn die bisherige Schutzfrist abgelaufen ist.

Wer in seinem Geschäftsbetriebe vor dem Inkrafttreten des Gesetzes erlaubterweise ein Werk zur Bezeichnung, Ausstattung oder Ankündigung von Waren benutzt hat, darf das Werk auch ferner zu diesem Zwecke benutzen.

Ist ein erschienenes Werk bereits vor dem Inkrafttreten des Gesetzes gewerbsmäßig mittels mechanischer oder optischer Einrichtungen vorgeführt worden, so genießt es den Schutz gegen unerlaubte Vorführung nicht.

§ 54. Soweit eine Vervielfältigung, die nach dem Inkrafttreten dieses Gesetzes unzulässig ist, bisher erlaubt war, dürfen die vorhandenen Vorrichtungen, wie Formen, Platten, Steine, noch bis zum Ablaufe von drei Jahren benutzt werden. Vorrichtungen, deren Herstellung begonnen war, dürfen fertiggestellt und bis zu demselben Zeitpunkt benutzt werden. Die Verbreitung der gemäß dieser Vorschriften hergestellten sowie der bereits vor dem Inkrafttreten des Gesetzes vollendeten Exemplare ist zulässig.

§ 55. Das Gesetz tritt mit dem 1. Juli 1907 in Kraft.

Mit demselben Tage treten außer Kraft die §§ 1 bis 16, 20, 21 des Gesetzes, betreffend das Urheberrecht an Werken der bildenden Künste, vom 9. Januar 1876 (Reichs-Gesetzbl. S. 4) sowie das Gesetz, betreffend den Schutz der Photographien gegen unbefugte Nachbildung, vom 10. Januar 1876 (Reichs-Gesetzbl. S. 8).

I. Kapitel.

Geltungsgebiet, Träger und Gegenstände des Urheberrechts. Zwangsvollstreckung.

§ 1.

Zum Sprachgebrauch der Urhebergesetze.

Im § 2 des Gesetzes vom 19. Juni 1901 wird zwar als Urheber eines Werkes dessen Verfasser genannt. Indes verstehen die Gesetze, wie die Begründung der Regierungsvorlage — Stenogr. Berichte des Reichstags 1900/02, Anl.-Bd. 1, S. 392 — hervorhebt, unter dem Urheber auch den Erben, nicht aber den sonstigen Rechtsnachfolger. Als „Berechtigter" wird dagegen jeder bezeichnet, der, wenn auch nur teilweise, zur Ausnutzung des Urheberrechts aus eigenem Rechte befugt ist, also namentlich auch der Verleger.

Vom Erscheinen eines Werkes spricht das Gesetz, wenn das Werk in einer Anzahl von Exemplaren in den Verkehr gebracht wird. Sollen Handlungen bezeichnet werden, die ohne verlagmäßiges Erscheinen das Werk der Allgemeinheit zugänglich machen, so gebrauchen die Urhebergesetze den Ausdruck „Veröffentlichen".

§ 2.

Geltungsgebiet des Gesetzes.

Bekanntlich schützen die meisten Länder nicht ohne weiteres die ausländischen Werke, sondern nur die aus Ländern, die Gegenseitigkeit gewähren. Es ist also eine gesetzliche Abgrenzung erforderlich, die erkennen läßt, unter welchen Voraussetzungen ein

Werk den inländiſchen Schutz genießt. Die Vorſchriften hierüber enthalten das LitG. in den §§ 54, 55 und das KunſtG. im § 51. Vorauszuſchicken iſt, daß die Urhebergeſetze der verſchiedenen Länder in dieſer Hinſicht ſehr voneinander abweichen. Nach dem Perſonalprinzip werden nur die Werke geſchützt, die von Inländern herrühren, mögen ſie im Inland oder im Ausland erſcheinen. Nach dem Territorialprinzip wird ein Werk, das im Inland erſchienen iſt, auch dann geſchützt, wenn es von einem Ausländer herrührt. Die deutſchen Geſetze verbinden beide Syſteme, d. h. ſie ſchützen die Werke der Deutſchen, auch wenn ſie im Ausland erſchienen ſind; ſie ſchützen auch Werke der Ausländer, ſofern ſie im Inland erſchienen ſind.

Soweit der Schutz durch Erſcheinen im Inland bedingt iſt, muß das Werk zum erſten Male im Inland erſchienen ſein, und zwar darf, um geſchützt zu werden, nicht ſchon vorher das Werk ſelbſt oder eine Überſetzung an einem früheren Tage im Ausland erſchienen ſein (LitG. § 55 Abſ. 1, KunſtG. § 51 Abſ. 2). Eine Vorſchrift, die in ſonſtigen Urhebergeſetzen noch keinen Vorgang hatte, iſt im LitG. § 55 Abſ. 2 getroffen. Danach wird, wenn der Urheber das Werk zunächſt im Inland in einer Überſetzung erſcheinen läßt, dieſe als Originalwerk behandelt, während das ſpäter — ſei es im Inland, ſei es im Ausland — erſcheinende Original als Überſetzung gilt. Dieſe Grundſätze über die Nationalität der Werke, die zuerſt als Überſetzung erſcheinen, ſind zwar nur für die ausländiſchen Urheber ausgeſprochen. Es verſteht ſich aber von ſelbſt, daß in ſolchen Fällen auch die von Inländern herausgegebenen Überſetzungen als Originale anzuſehen ſind.

Da vom Erſcheinen nur dann die Rede ſein kann, wenn das Werk verlagmäßig in den Verkehr geſetzt wird, ſo kommt der Schutz, ſoweit er durch das Erſcheinen bedingt iſt, nur ſolchen Werken zugute, die in vervielfältigter Geſtalt herausgegeben werden. Andere Werke, wie einzelne Zeichnungen oder Gemälde, Bildwerke und Bauten, können alſo nur geſchützt werden, wenn der Urheber ein Reichsangehöriger iſt. Daran ändert es auch nichts, wenn der Urheber Vervielfältigungen des Originals verbreiten läßt, die er in einer anderen Kunstgattung oder mittelst der Photographie herstellt. Denn mit einer solchen Vervielfältigung erscheint eben nur das neuentstandene Werk, der Kupferstich, die Photographie, nicht aber das Original. Nicht der Maler oder der sonstige Urheber, sondern der Kupferstecher, der Photograph usw. erwirbt einen Schutz. Man kann also den allgemeinen Satz aufstellen, daß die nur in einem Exemplar hergestellten Werke — Gemälde, Zeichnungen, Bildwerke, Bauten — nur geschützt werden, wenn der Urheber Reichsangehöriger ist. Wenn freilich z. B. ein russischer Maler eine Radierung seines Gemäldes in Deutschland erscheinen läßt, so würde eine Nachbildung des Gemäldes, die ein Dritter herausgibt, als eine widerrechtliche Wiedergabe der geschützten Radierung anzusehen sein.

War der Urheber ein Deutscher zu der Zeit, als das Werk hergestellt wurde — was freilich im Streitfall zu beweisen ist —, so bleibt er geschützt, auch wenn er das Werk im Ausland erscheinen läßt, und zwar erst, nachdem er die Reichsangehörigkeit verloren hat. Man könnte vielleicht hiergegen einwenden, daß Werke, die im Auslande erscheinen, nach § 55 nur dann geschützt sind, wenn der Urheber zur Zeit des Erscheinens Inländer ist. Allein eine solche sich streng an den Wortlaut bindende Auslegung würde mit § 54 in Widerspruch stehen. Denn danach wird der Deutsche für ein nicht erschienenes Werk schlechthin geschützt. Es ist auch nicht die Absicht des Gesetzes, ihm das erworbene Recht zu entziehen, weil er im Ausland herausgibt und in diesem Zeitpunkt nicht mehr die Reichsangehörigkeit besitzt.

§ 3.

Die Inhaber der Urheberrechte.

Inhaber des Urheberrechts wird zunächst — und abgesehen von den gleich zu erwähnenden Ausnahmefällen — der, der es verfaßt (LitG. § 2) oder, bei Werken der bildenden Künste, es hergestellt hat. Inhaber des Urheberrechts ist später der, auf den es durch Vererbung oder durch Sonderrechtsnachfolge übergegangen ist. Aber auch die sog. konstitutive Rechtsnachfolge — insbesondere die Einräumung eines Verlagsrechts — macht den Urheber zum Inhaber eines, wenn auch nur begrenzten, Urheberrechts.

Eine Ausnahme von dem allgemeinen Grundsatz bilden die juristischen Personen des öffentlichen Rechtes für die Werke, die sie als Herausgeber veröffentlichen, sofern der Name des wahren Verfassers nicht angegeben ist (LitG. § 3, KunstG. § 4). Hier bedarf es nicht erst einer Übertragung des Rechtes, sondern es steht der Körperschaft als ursprüngliches Recht zu. Freilich stellen hier die Gesetze nur eine Vermutung auf: der wahre Verfasser kann immerhin nachweisen, daß nach seinem Anstellungs- oder sonstigen Vertragverhältnis ihm das Urheberrecht zustehe. Ist dieser Sachverhalt festgestellt, so steht das Recht, ohne daß es zurückübertragen werden müßte, dem Verfasser zu.

Neben dem Verfasserurheberrecht kennen die Gesetze noch ein Recht des Urhebers für den Fall, daß es sich um ein Sammelwerk, d. h. um ein Werk handelt, das aus getrennten Beiträgen mehrerer besteht (LitG. § 4, KunstG. § 6). Hier wird der Herausgeber als Urheber des *ganzen Werkes* angesehen. Herausgeber im Sinne dieser Vorschrift ist aber nur jemand, der eine literarische Tätigkeit aufgewendet hat, jemand, der durch Sammlung, Durchsicht, Einteilung oder Zusammenstellung die Beiträge zu einem Ganzen vereinigt hat. Wer nur das Geschäftliche besorgt, die Herausgabe des schon fertiggestellten Sammelwerkes bewirkt hat, also der Verleger, fällt nicht unter die Vorschrift. Doch gilt der Verleger als Herausgeber, wenn niemand als Herausgeber genannt ist (LitG. § 4, KunstG. § 6). Allein es ist zu beachten, daß dies nur eine Vermutung ist; denn wird nachgewiesen, daß der Urheber keine literarische Tätigkeit aufgewendet hat, so kann er auch die Befugnisse des Herausgebers nicht wahrnehmen. Diese Rechte sind übrigens beschränkt; der Herausgeber ist nicht in der Lage, den Nachdruck eines einzelnen Beitrags zu verfolgen, sondern kann nur dann vorgehen, wenn mindestens zwei Beiträge, vielleicht zusammen mit sonstigen Artikeln, zu einem Sammelwerk vereint sind.

Die Gesetze haben ferner eine besondere Urheberschaft für die Fälle, in denen Werke verschiedener Gattung verbunden sind. Dies trifft (LitG. § 5, KunstG. § 7) dann zu, wenn

1. ein Schriftwerk mit einem Werke der Tonkunst oder mit Abbildungen,
2. oder ein Werk der bildenden Künste mit einem Werke der Photographie,
3. oder ein Werk der bildenden Künste oder der Photographie mit einem Werke der Literatur oder der Tonkunst oder mit einem geschützten Muster verbunden wird.

In allen diesen Fällen bleibt auch nach bewirkter Verbindung ein jeder der Mitarbeiter alleiniger Urheber seines Werkes.

Eine dritte Möglichkeit des Zusammenarbeitens und die einzige wahrhaft gemeinsame Arbeit besteht darin, daß die von mehreren geleisteten Arbeiten sich überhaupt nicht trennen lassen (LitG. § 6, KunstG. § 8). Hier entsteht eine Gemeinschaft an dem ungeteilten Werke, und auch das Urheberrecht ist nur nach ideellen Quoten geteilt (Gemeinschaft nach Bruchteilen im Sinne des BGB., §§ 1008 bis 1011).

Die vorstehenden Vorschriften über die Urheberschaft werden noch ergänzt durch die Aufstellung gesetzlicher Vermutungen (LitG. § 7, KunstG. § 9). Danach wird vermutet, daß jemand der Urheber des Werkes sei, wenn das Werk den Namen des Verfassers kenntlich macht. Ist der wahre Name nicht angegeben, so ist der Herausgeber und, wenn ein solcher nicht vorhanden ist, der Verleger befugt, namens des Urhebers dessen Rechte wahrzunehmen. Hierbei handelt es sich nur noch um eine einfache Legitimation; in Wahrheit gelten sie nicht als Urheber.

§ 4.
Gegenstände des Urheberrechts.

Nach dem Gesetze vom 19. Juni 1901, § 1, und vom 9. Januar 1907, §§ 1 bis 3, werden geschützt:

1. Die Urheber von Schriftwerken und solchen Vorträgen oder Reden, welche dem Zwecke der Erbauung, der Belehrung oder der Unterhaltung dienen.

Die Gegenüberstellung der Schriftwerke mit den Vorträgen und Reden würde, wenn überhaupt ein Zweifel möglich wäre, klarstellen, daß eben nur Vorträge und Reden auch ohne Aufzeichnung Schutz genießen. Alle anderen Erzeugnisse literarischer Natur bedürfen der Festlegung, um Schutz zu erlangen. Es genügt hierbei jede äußere Form, die den Gedankeninhalt bleibend bewahrt. Also z. B. auch Blindenschrift sowie die durch die phonographische Platte dauernd festgelegten Worte. Ferner können choreographische und pantomimische Werke auch dann als Schriftwerke Schutz genießen, wenn der Bühnenvorgang auf andere Weise als schriftlich festgelegt ist; gedacht ist hierbei in erster Linie an Darstellungen, die auf dem Wege der Kinematographie hergestellt worden sind.

Aber nicht alles, was nach dem Vorstehenden „Schrift" ist, wird deshalb als Schriftwerk geschützt. Wie für alle anderen Gegenstände des Urheberrechts ist es zwar für ein Schriftwerk nicht erforderlich, daß es irgendwelchen Wert hätte. Immerhin muß es etwas Persönliches, der Ausdruck einer Individualität, wenn auch einer noch so geringfügigen, sein; auch dieser Satz gilt für alle Gegenstände des Urheberschutzes. Gleichgültig ist, ob dieses erforderliche Maß von Eigenart sich in dem Gedankeninhalt oder in der literarischen Form ausdrückt. Alles, was nach Form wie Inhalt rein schablonenmäßig ist, wie insbesondere alles, was unter den Begriff der Anzeigen fällt, ist des Schutzes unfähig, so z. B. Preisverzeichnisse, Kataloge, Theaterzettel. Auch die gewöhnlichen Briefe des gesellschaftlichen und des geschäftlichen Verkehrs, die sich auf tatsächliche Mitteilungen beschränken, sind keine Schriftwerke; sie können also im Falle einer Indiskretion nicht auf Grund des Urheberrechts, sondern nur insoweit Schutz finden, als ihre Veröffentlichung gegen die Vorschriften des Strafrechts — namentlich über Beleidigung — oder des bürgerlichen Rechtes verstößt. Briefe dagegen, die einen Gedankenaustausch höheren Ranges zum Ziele haben oder die auch nur das Bestreben zeigen, über die banale Ausdrucksweise hinaus eine künstlerische Sprachform zu erreichen, sind zweifellos als Schriftwerke anzusehen. Darauf, ob die Briefe zur Veröffentlichung bestimmt oder verlagsfähig sind, kommt es ebenso wie bei sonstigen Schriftwerken nicht an.

2. Die Urheber von Werken der Tonkunst. — Das Gesetz verlangt hier keinerlei Aufzeichnung, und es liegt auch kein innerer Grund vor, sie gleichwohl als Erfordernis anzusehen. Denn die Improvisation hat auf dem Gebiete der Musik eine ganz andere Bedeutung als in der Literatur, sie kann, da dort alles feste, bleibende Form ist, auch ohne Niederschrift Schutz beanspruchen.

3. Die Urheber von solchen Abbildungen wissenschaftlicher oder technischer Art, welche nicht ihrem Hauptzwecke nach als Kunstwerke zu betrachten sind. Hierzu gehören auch plastische Darstellungen. Jedoch fallen Entwürfe für Erzeugnisse des Kunstgewerbes sowie für Bauwerke, die künstlerische Zwecke verfolgen, nicht unter die Vorschrift. Vielmehr werden solche Entwürfe nach dem Kunstgesetz (§ 2 Abs. 2, § 4) geschützt.

4. Die Urheber von Werken der bildenden Künste. Es handelt sich hierbei um Zeichnungen, um alle Arten der Malerei und Bildhauerei sowie der Formkunst, um Bauten sowie die verschiedenen Arten der vervielfältigenden Kunst, wie Kupferstiche, Holzschnitte, Lithographien und dergleichen. Zu den Werken gehören jetzt auch ohne Einschränkung des Schutzes die Erzeugnisse des Kunstgewerbes. Auch bei ihnen ist es wie bei den ausschließlich auf ästhetische Wirkung berechneten Werken gleichgültig, ob sie wirklichen Kunstwert besitzen. In dieser Hinsicht machen auch keine Ausnahme die Bauwerke; denn der § 2 des Kunstgesetzes verlangt bei ihnen nicht künstlerischen Wert, sondern nur, daß sie künst-

lerische Zwecke verfolgen, also nicht bloß technischen Bestimmungen dienen.

5. Die Urheber von Werken der Photographie, einschließlich der, die durch ein der Photographie ähnliches Verfahren hergestellt werden.

§ 5.

Zwangsvollstreckung in das Urheberrecht.

Die Zwangsvollstreckung in das Recht des Urhebers oder in sein Werk ist nur zulässig, wenn er selbst sich damit einverstanden erklärt. Der Einwilligung steht gleich die im voraus erklärte Bestellung eines Pfandrechts. Gegen den Erben des Urhebers findet, auch wenn er nicht einwilligt, die Zwangsvollstreckung insoweit statt, als das Werk erschienen ist. Gegen andere Rechtsnachfolger als Erben, insbesondere den Verleger, schränkt das Gesetz die Zwangsvollstreckung in keiner Weise ein (LitG. § 10).

Die gleichen Vorschriften gelten nach dem KunstG. § 14 auch für Werke der bildenden Künste und der Photographie. Jedoch ist hier das Werk selbst der Pfändung nicht entzogen. Was die Formen, Platten, Steine oder sonstige Vorrichtungen betrifft, die ausschließlich zur Vervielfältigung des Werkes bestimmt sind, so gelten für sie die gleichen Beschränkungen wie für das Urheberrecht.

II. Kapitel.

Befugnisse des Urhebers.

§ 6.

Die Befugnisse im allgemeinen.

Befugnis zur Vervielfältigung und zu Bearbeitungen.

Den Kern der ausschließlichen Befugnisse des Urhebers bildet die ausschließliche Befugnis, das Werk zu vervielfältigen. Die Vervielfältigung braucht nicht mehr auf mechanischem Wege zu erfolgen; sie braucht sich auch nicht auf mehr als ein Exemplar zu erstrecken (LitG. § 15, KunstG. § 17).

Die Art der Vervielfältigung kann sehr verschieden sein. Bei literarischen Erzeugnissen, bei Werken der Tonkunst und bei wissenschaftlichen sowie technischen Abbildungen wird sie gewöhnlich durch Druck oder auch Schrift bewirkt. Es kann aber auch das Werk durch durchlochte oder mit Stiften versehene Platten, Walzen oder sonstige Zubehörstücke übertragen werden. Im Rahmen der bildenden Künste wird die Vervielfältigung bewirkt durch freie Handzeichnung, Malen, Skulptur, Bauen, Abgüsse, ferner durch alle Arten der vervielfältigenden Künste, durch Kupferstich und Radierung, Lithographie, Holzschnitt sowie durch die Photographie. Dem bloßen Abdruck des Buchs und der Noten sowie der Wiedergabe des Kunstwerkes in der ganz gleichen Kunstform steht gegenüber die Bearbeitung (z. B. die Übersetzung) und die Wiedergabe in einer anderen Kunstform oder durch die Photographie. Die ursprünglichste Form der Vervielfältigung seitens eines Dritten ist es, die rechtmäßige Vorrichtung des Urhebers zu benutzen, also den Drucksatz, die Platte, den Holzstock, den Stein, das Negativ.

Zu den Bearbeitungen rechnet das LitG. § 2 Abs. 2 in der Fassung, die es durch das Ausführungsgesetz zur Berner Übereinkunft bekommen hat, auch die Zubereitung eines Werkes für Vorrichtungen, die zu den für die mechanische Wiedergabe dienenden Instrumenten gehören. Hierbei wird zwischen zwei Fällen unterschieden:

1. Es kann ein Werk der Literatur oder der Tonkunst durch persönlichen Vortrag — Rede oder Gesang, auch Spiel bei einzelnen Instrumenten — auf eine phonographische Platte übertragen werden. Hierdurch entsteht an der so zubereiteten Platte ein neues Urheberrecht für den, der den Vortrag bewirkt hat. Dies Recht sieht das Gesetz als eine Art von Bearbeitung des Originals an. Daß dabei etwas Künstlerisches geleistet werde, verlangt das Gesetz nicht.

2. Bei den mechanischen Instrumenten nicht phonographischer Art wird das Werk durch Lochen, Stanzen, Anordnung von Stiften oder eine ähnliche Tätigkeit auf die Vorrichtung übertragen. Auch erkennt das Gesetz an, daß die Übertragung als Bearbeitung des Originals — als Umgestaltung des Werkes in eine ganz abweichende Notensprache — anzusehen ist und ein besonderes Urheberrecht für den Übertragenden erzeugt. Allein dazu ist hier erforderlich, daß der Übertragende etwas Künstlerisches geleistet hat. Es darf sich nicht bloß um die Anwendung allbekannter Regeln handeln, die jeder, der technisch geschult ist, beherrscht. Vielmehr muß die Überleitung der Notenschrift in die Löcher, Stifte usw. der Instrumente und die dadurch bedingte Abänderung des Tonstücks selbst so schwierig sein, daß ein gewisses Maß künstlerischer Begabung für die selbständige Bearbeitung von Tonstücken vorausgesetzt werden muß.

Wenn auch der Schutz für den, der die Übertragung bewirkt, eingeführt worden ist, und die Länge des Schutzes sich nach seiner Lebensdauer richtet, so ist doch selbstverständlich der Zweck der Neuerung der Schutz der Industriellen gegen unlauteren Wettbewerb, der die mit Kosten zubereitete Vorrichtung auf billigste Weise ausbeuten möchte. In der Praxis wird demgemäß der Fabrikant wohl immer den Schutz gegen Nachbildung unbeschränkt erwerben. Mit Rücksicht hierauf ist auch an Stelle des Erscheinens des Werkes für die Frage, ob das Werk als inländisch anzusehen ist, der Ort der Vervielfältigung maßgebend. Regelmäßig ist es der Ort der Niederlassung des Fabrikanten (LitG. § 55 Abs. 1 Satz 2).

Zu beachten ist, daß daneben auch der § 54 zur Anwendung kommt, daß also, wenn der Übertragende ein Reichsangehöriger ist, der Schutz auch dann entsteht, wenn der Fabrikant seine Niederlassung in einem anderen Lande hat.

§ 7.
Erlaubte und unerlaubte Vervielfältigung.

Das Verbietungsrecht, das dem Urheber dagegen zusteht, daß sein Werk nicht ohne seine Einwilligung vervielfältigt werde, richtet sich nicht bloß gegen eine unveränderte Wiedergabe. Auch die veränderte ist bis zu einer gewissen Grenze verboten. Diese Grenze ist für Literatur und Musik im LitG. §§ 12 bis 14, für die Werke der bildenden Künste im KunstG. § 15 Abs. 2, § 16 bezeichnet. Danach besteht die allgemeine Grenze darin, daß die freie Benutzung zulässig ist, sofern dadurch eine eigentümliche Schöpfung hervorgebracht wird. Die Eigentümlichkeit kann man nicht schon darin finden, daß eine andere Form gewählt wird, die von der des Originals abweicht, vergleiche z. B. die Übersetzung und die Nachbildung, die gemäß dem KunstG. § 15 Abs. 2 ein vorhandenes Werk der bildenden Künste durch ein anderes Werk der bildenden Künste oder der Photographie wiedergibt. Vielmehr verlangt das Erfordernis einer eigentümlichen Beschaffenheit, daß das neu entstandene Werk sich neben dem Vorbild seinem Inhalt nach wie ein Original, wie eine Neuschöpfung ausnimmt. Im übrigen sind nach dem LitG. § 12 jedenfalls keine Neuschöpfung (vgl. im § 13 die Worte „unbeschadet der ausschließlichen Befugnisse, die dem Urheber nach § 12 Abs. 2 zustehen"): die Übersetzung, die Rückübersetzung in die Sprache des Originals, die Wiedergabe einer Erzählung in dramatischer Form oder eines Bühnenwerkes in einer Erzählung, die Übertragung des Werkes auf Instrumente, die der mechanischen Wiedergabe dienen, die Benutzung eines Schriftwerkes zu einer bildlichen Darstellung auf dem Wege der Kinematographie, die Herstellung von Auszügen oder Einrichtungen aus Werken der Tonkunst.

Bei Tonwerken ist außerdem das Recht der Melodie geschützt. Das LitG. bestimmt: „Bei einem Werke der Tonkunst ist jede Benutzung unzulässig, durch welche eine Melodie erkennbar dem Werke entnommen und einer neuen Arbeit zugrunde gelegt ist." Das Gesetz vom 11. Juni 1870 ging im § 46 in der Freigabe der Melodie außerordentlich weit. Es waren als Nachdruck lediglich bezeichnet Bearbeitungen, die nicht als „eigentliche Kompositionen" betrachtet werden können (Auszüge, Arrangements für einzelne oder mehrere Instrumente oder Stimmen, Abdruck von einzelnen Motiven oder Melodien eines und desselben Werkes, die nicht künstlerisch verarbeitet sind. Diese Fassung war so elastisch und unbestimmt, daß die Rechtsprechung die Freiheit des Nachdrucks in ungemessenster Weise ausdehnte. Namentlich Variationen über eine längere Melodie, Transskription, Potpourri, Fantasien wurden gestattet. Die allergeringste ein wenig künstlerische Zutat genügte hiernach, das neue Werk als eigentümliche Schöpfung auszustaffieren. Infolgedessen war in der Praxis des Musikhandels Brauch geworden, daß die mit allen Salben gewaschenen Verleger durch musikalische Stümper Melodien zusammenleimen ließen. Damit hat die neue Vorschrift völlig aufgeräumt. Zur Erläuterung des Wortlauts § 13 Abs. 2 möchte ich noch folgendes bemerken:

Wenn das Gesetz sagt, daß eine fremde Melodie nicht einer neuen Arbeit zugrunde gelegt werden dürfe, so bringt es einerseits zum Ausdruck, daß der Bearbeiter gewußt haben muß, er beute eine geschützte Melodie aus. Anderseits wird nach der Fassung nicht erfordert, daß der Bearbeiter seinem ganzen Werke die benutzte Melodie zugrunde gelegt hat. Die selbständigen Melodien, die die neue Arbeit bringt, sind, wenn die fremden Bestandteile ausgeschieden werden, natürlich zulässig. — Nicht nötig ist, daß eine längere Melodie wiedergegeben ist; es genügen ein paar Takte, die lediglich ein kurzes Motiv zum Ausdruck bringen. — Die Begründung zu dem Entwurf des Gesetzes vom 11. Juni 1901 sagt: „Niemand ist durch das Recht der Melodie gehindert, wissentlich eine Melodie, die nur beiläufig in einem größeren Werke vorkommt, aus diesem zu entlehnen." Diese Auffassung ist grundfalsch (Allfeld, Kommentar, 1902, Bem. 7 zu § 13, S. 135, 136). Sie tut, gegenüber dem durchaus klaren

Zwecke der Vorschrift, dem Wortlaut Gewalt an und führt zu Handlungen, die das Gesetz umgehen. Es besteht nur eine Ausnahme von dem Schutzgebot: In Satiren und Parodien können fremde Melodien angeführt werden. Hier ist das Zitat nur der Ausgangspunkt für ein ganz originales Werk, was sich darin zeigt, daß der Entlehner ganz andere — nämlich humoristische — Wirkungen erzielen will als der Schöpfer des Originals (Allfeld a. a. O., S. 136).

Bei Werken der bildenden Künste ist ferner, wie schon im Eingang dieses Paragraphen bemerkt ist, die Nachbildung in einer anderen Kunstform, z. B. eines Gemäldes durch den Kupferstich oder durch die Photographie keine eigentümliche Schöpfung. Selbst die Nachbildung der Werke der malenden Kunst durch die Plastik und umgekehrt ist jetzt nicht mehr freigegeben, wenngleich freilich die künstlerische Abweichung der Nachbildung vom Vorbilde hier im einzelnen Falle so groß sein kann, daß das Erfordernis der Eigentümlichkeit erfüllt ist.

Im einzelnen ist zu der soeben erörterten Frage noch folgendes zu bemerken:

Der Unterschied zwischen verbotener Übersetzung und einer ganz freien Übertragung, z. B. einer Nachdichtung, läßt sich nur im Einzelfalle bestimmen. Der frühere Unterschied von Übersetzung und sonstiger Bearbeitung hinsichtlich der Schutzdauer ist weggefallen; die Übersetzung ist jetzt ebensolange verboten wie der Nachdruck in der Ursprache. Auch ist der Übersetzungsschutz von allen Bedingungen, wie Vorbehalt der Befugnis oder Herausgabe einer genehmigten Übersetzung, befreit.

§ 8.

Die gesetzlich erlaubten Vervielfältigungen.

An die Spitze der Fälle, in denen ein jeder ein Werk ohne Einwilligung des Urhebers vervielfältigen darf, stellt das LitG. § 15 Abs. 2 den Satz: „Eine Vervielfältigung zum persönlichen Gebrauch ist zulässig, wenn sie nicht den Zweck hat, aus dem

Werke eine Einnahme zu erzielen." Da es nur eines Exemplars bedarf, um eine rechtswidrige Vervielfältigung zu begehen, so ist nicht mehr, wie es das Reichsgericht nach früherem Rechte annahm, eine Einzelkopie grundsätzlich zulässig. Indessen macht der § 15 Abs. 2 eine weitgehende Einschränkung, die sich insbesondere auch auf Einzelkopien erstreckt. Die Vorschrift läßt zu, das Werk zum persönlichen Gebrauch zu vervielfältigen. Was ist hierunter zu verstehen? Daß dabei nicht bloß an den eigenen Gebrauch gedacht ist, ergibt sich schon aus dem Wortlaut; überdies ist ein dahingehender Abänderungsantrag in der Kommission des Reichstags abgelehnt. Gemeint ist der Gebrauch innerhalb des persönlichen, namentlich des gesellschaftlichen Verkehrs. Es kann also ein jeder nach einem veröffentlichten oder unveröffentlichten Werke eine Abschrift fertigen und sie unentgeltlich einem Freunde überlassen. Es kann auch das Mitglied eines Gesangvereins für seine Genossen Abschriften herstellen, die diese bei Aufführungen benutzen. Zu beachten ist hierbei jedoch die weitere Schranke, daß nicht zu dem Zwecke vervielfältigt werden darf, aus dem Werke eine Einnahme zu erzielen. Es darf also, wer für einen anderen eine Abschrift nimmt, hierfür keine Vergütung nehmen. Es dürfen ferner nicht Abschriften für einen Verein hergestellt werden, wenn der Verein ein Eintrittsgeld erhebt.

Streitig ist, ob jemand im Auftrag eines anderen gegen Entgelt eine Abschrift herstellen darf. Diese Frage ist in der Tat zweifelhaft. Die mildere Auffassung mag freilich für sich geltend machen, daß der Abschreiber als Gegenleistung für den Geldbetrag nicht die Abschrift, sondern seine Schreibarbeit leiste. Allein nach dem klaren Zwecke des Gesetzes will es doch wohl nicht, daß das Werk als Mittel zum Gelderwerb ausgenutzt werde; und dann darf es keinen Unterschied begründen, ob das Werk unmittelbar oder nur mittelbar zum Gelderwerb verwendet wird. Ich würde deshalb der Auslegung den Vorzug geben, daß die entgeltliche Abschrift unzulässig sei.

Die vorstehenden Ausführungen bezogen sich nur auf das Gesetz über Schriftwerke. Die entsprechende Vorschrift des

KunstG. (§ 18) hat einen abweichenden Wortlaut, nämlich: „Eine Vervielfältigung zum eigenen Gebrauch ist mit Ausnahme des Nachbaues zulässig, wenn sie unentgeltlich bewirkt wird.“ Wenn hier der Reichstag den Ausdruck „zum eigenen Gebrauch“ hineingebracht hat, so ist doch nicht anzunehmen, daß hierbei eine Einschränkung gegenüber dem LitG. beabsichtigt war. Denn man darf annehmen, daß hier mit dem eigenen Gebrauch das gemeint ist, was dort unter dem persönlichen Gebrauch zu verstehen ist, insbesondere die unentgeltliche Verbreitung im engeren Kreise, an Verwandte u. dgl. Auch ist es keineswegs ausgeschlossen, daß der, der den Gebrauch machen will, durch einen anderen vervielfältigen läßt; nur muß es ohne Entgelt geschehen. Denn, wie Osterrieth, Kommentar zum Gesetz vom 9. Januar 1907, zutreffend bemerkt, hätte es keinen Zweck, daß das Gesetz die Unentgeltlichkeit der Vervielfältigung zur Voraussetzung macht, wenn der Hersteller stets derselbe sein müßte wie der, der den Gebrauch macht.

Das KunstG. (§ 18 Abs. 2) gestattet ferner, daß bei Bildnissen, obwohl das Urheberrecht auch an ihnen dem Urheber verbleibt, der Besteller und sein Rechtsnachfolger das Werk vervielfältigen. Nur wenn es keine Photographie, sondern ein Werk der Kunst ist, darf es nicht durch die Photographie nachgebildet werden, solange der Künstler selbst noch lebt. Soweit die gesetzliche Erlaubnis besteht, Bildnisse zu vervielfältigen, ist es auch gestattet, die Nachbildungen gegen Entgelt herzustellen und weiterzuveräußern.

Von den Fällen, in denen ein jeder ein Werk nicht nur zum persönlichen oder eigenen Gebrauch, sondern zur wirtschaftlichen Verwertung ausnutzen darf, stellt das LitG. (§ 16) an die Spitze den Abdruck von Gesetzbüchern, Gesetzen, Verordnungen, amtlichen Erlassen und Entscheidungen sowie von sonstigen zum amtlichen Gebrauch hergestellten amtlichen Schriften. Der Grund ist nicht, wie von manchen gelehrt wurde, daß es sich hier gar nicht um ein Schriftwerk, sondern um Willensbetätigungen der öffentlichen

Gewalt handele. Dagegen spricht entscheidend, daß es sich bei jenen Werken oft um hohe literarische Leistungen handelt. Vielmehr rechtfertigt sich der Verzicht auf den Schutz dadurch, daß solche Werke im Interesse der Öffentlichkeit geschaffen werden. Deshalb werden folgerichtig auch amtliche Schriftwerke wie andere geschützt, wenn das Werk nicht „zum amtlichen Gebrauch" hergestellt ist, wie z. B., wenn der Generalstab die Geschichte eines Kriegs ohne Nennung des Verfassers herausgibt.

§ 9.
Der Zeitungsabdruck.

Im wesentlichen dienen die Zeitungen dem Tagesbedürfnis; auch sind alle Zeitungen auf Entlehnungen angewiesen. Es ist daher natürlich, daß von jeher das Verbot des Abdruckes im Verkehr der Zeitungen stark abgeschwächt worden ist.

Das Gesetz von 1901, § 18, macht in der Frage des Zeitungsschutzes eine Dreiteilung:

1. Vermischte Nachrichten tatsächlichen Inhalts und Tagesneuigkeiten genießen, auch wenn sie in Zeitschriften enthalten sind, überhaupt keinen Schutz, sie sind keine Schriftwerke im Sinne des Gesetzes.
2. Ausarbeitungen wissenschaftlichen, technischen oder unterhaltenden Inhalts werden genau so wie andere Schriftwerke, ohne Vorbehalt u. dgl., geschützt.
3. Die große Menge der übrigen Artikel unterliegen besonderer Behandlung. Sie werden nur dann geschützt, wenn der einzelne Artikel mit einem Vorbehalte des Abdrucks versehen ist. Ist der Abdruck nicht untersagt, so muß immerhin die Quelle deutlich angegeben werden. Indes ist die Unterlassung dieser Pflicht kein Nachdruck, sondern nur mit einer Übertretungsstrafe bedroht (LitG. § 44).

Fehlt der Vorbehalt in den Fällen des Abs. 1, so ist der Abdrucker entschuldigt, selbst wenn der Redakteur oder Verleger sich dem Verfasser verpflichtet hatte, den Vorbehalt beizudrucken, und dies dem, der den Abdruck bewirkte, bekannt war. Anders in den Fällen des Abs. 2. Hat hier, der Abrede mit dem Verfasser zuwider, der Redakteur den Abdruck freigegeben, so wird der Abdrucker zwar durch seinen guten Glauben insoweit entlastet, als es sich um Schadenersatz und Strafe handelt. Gleichwohl liegt objektiv ein Nachdruck vor, so daß die Abdrücke der Vernichtung unterliegen.

Zu dem Abs. 2 des § 18 ist noch folgendes zu bemerken. Der Ausdruck „Ausarbeitungen wissenschaftlichen oder technischen Inhalts“ stellt zwar keinen Anspruch an einen wissenschaftlichen Wert des Artikels. Es muß aber die Arbeitstätigkeit des Verfassers immerhin wissenschaftlicher Art sein. Daß der Artikel nur von einer wissenschaftlich gebildeten Person geschrieben sein konnte, genügt nicht. Es fällt z. B. ein bloß referierender Bericht über eine Erfindung, einen gelehrten Vortrag u. dgl. nicht unter die Nr. 2. Der Artikel muß stets das Ergebnis eigenen wissenschaftlichen Denkens sein, ohne daß er deshalb wissenschaftliche Offenbarungen bringen müßte. Hiernach ist die vielumstrittene Frage zu entscheiden, ob ein Bericht über Gerichtsverhandlungen und Entscheidungen der Behörden den Schutz des Abs. 2 genießt. Es trifft dies nicht zu, wenn der Bericht nur unter Kürzungen das zusammenfaßt, was in der Verhandlung oder in der Urteilsbegründung bereits bemerkt ist. Mag der Artikel so wohl stilisiert sein, daß er in aller Kürze das Wesentliche der Entscheidung mitteilt, so ist er doch noch keine Arbeit wissenschaftlicher Art. Vielmehr muß der Berichterstatter durch individuelle geistige Tätigkeit und eigene stilistische Darstellung den Bericht zu einer Zusammenfassung gemacht haben, die gegenüber den Hergängen der Verhandlung und den Ausführungen des Urteils sich als etwas wesentlich Verschiedenes darstellt. Die Unterscheidung kann im einzelnen Falle mißlich sein, wie die Schwierigkeiten zeigen, die sie der Praxis bereitet haben. Mit einer sachlichen Änderung des § 18 Abs. 2 ist aber nichts zu erreichen; vielmehr müßte man auf formalem Wege dadurch zu helfen suchen, daß der

Abdruck der letzterwähnten Berichte freigelassen bleibt, sofern der Bericht nicht gemäß Abs. 1 mit einem Vorbehalt versehen ist.

Zu den Ausarbeitungen unterhaltenden Inhalts gehören nicht nur Romane und Novellen, sondern z. B. Reisebeschreibungen, die nicht wissenschaftlichen Charakters sind; ferner Aphorismen, Witze und vieles andere aus der Phantasie Entnommene.

§ 10.

Zitierfreiheit, Entlehnungen für wissenschaftliche und Schulzwecke sowie ähnliche Fälle.

Gestattet ist die Benutzung eines Schriftwerks in den Fällen des LitG. §§ 19 bis 21, 23 und des KunstG. §§ 19, 20, sofern das Werk erschienen ist; auch dürfen keine Änderungen daran vorgenommen werden. Ferner muß bei Übertretungsstrafe die Quelle angegeben werden (LitG. § 25, KunstG. § 19 Abs. 2). Im einzelnen ist gestattet:

1. Das Anführen einzelner Stellen oder kleinerer Teile eines Schriftwerkes, eines Vortrags oder einer Rede in einer selbständigen literarischen Arbeit (§ 19 Nr. 1);
2. Aufnahme einzelner Aufsätze oder Gedichte in eine selbständige wissenschaftliche Arbeit (§ 19 Nr. 2);
3. Aufnahme einzelner Gedichte in eine Sammlung aus einer größeren Zahl von Schriftstellern behufs der Benutzung bei Gesangvorträgen (§ 19 Nr. 3). Dies ist eine durch den Reichstag hineingezwängte, sehr überflüssige Bevorzugung der Kommersbücher;
4. Aufnahme einzelner kleinerer Aufsätze, Gedichte oder kleinere Teile von Schriftwerken in eine Sammlung, die Werke einer größeren Zahl von Schriftstellern vereinigt und für den Kirchen-, Schul- oder Unterrichtsgebrauch vereinigt. Leider ist hier durch den Reichstag auch wieder aus dem Gesetz von 1870 der „eigentümliche literarische Zweck“ (Anthologien) hineingekommen; allerdings bedarf es, solange der Urheber lebt, seiner Erlaubnis;

5. die Aufnahme einzelner Werke der bildenden Künste und der Photographie in eine selbständige wissenschaftliche Arbeit oder ein Schriftwerk, das für den Schul- oder Unterrichtgebrauch bestimmt ist, sofern die Aufnahme ausschließlich zur Erläuterung des Inhalts dient (KunstG. § 19);
6. die Beifügung einzelner unter das Gesetz von 1901 fallender wissenschaftlicher oder technischer Abbildungen zur Erläuterung des Inhalts eines Schriftwerks (LitG. § 23);
7. die Vervielfältigung von Werken, die sich bleibend an öffentlichen Orten befinden, durch malende oder zeichnende Kunst und durch Photographie.

§ 11.
Vervielfältigung auf dem Gebiete der Tonkunst.

Den Tonkünstlern gestattet das LitG. § 20, kleinere Teile einer Dichtung oder Gedichte von geringem Umfang als Text zu einem neuen Werke der Tonkunst sowie auch als Programm für die Aufführung wiederzugeben — ein hergebrachter, aber ganz ebenso brutaler wie willkürlicher Eingriff in das persönliche Recht des Dichters, der wehrlos einem gefährlichen Komponisten vorgeworfen wird. Die Vergünstigung erstreckt sich nicht auf Dichtungen, die ihrer Gattung nach zur Komposition bestimmt sind (Opern- und Oratorientexte, Couplets u. dgl.).

Einige Freiheit gegenüber Werken der Tonkunst gestattet das LitG. im § 21. Freigegeben sind Aufnahmen einzelner Stellen in einer neuen selbständigen Arbeit, ferner Aufnahme kleinerer Kompositionen in eine selbständige wissenschaftliche Arbeit; endlich Aufnahme kleinerer Kompositionen in eine Sammlung für Schulen, mit Ausnahme der Musikschulen.

Von großer praktischer Wichtigkeit ist der § 22 des LitG., der die Benutzung von Tonwerken für die Industrie mechanischer Musikinstrumente nutzbar macht. An sich ist auch die mechanische Wiedergabe von Werken der Tonkunst eine ausschließliche Befugnis des Tonsetzers. Er verliert diese jedoch, wenn er gegen

Entgelt einem anderen gestattet, das Werk durch mechanische Wiedergabe auszubeuten. Es ist hierbei gleichgültig, ob er dem anderen ein ausschließliches Recht überträgt oder nur — im Wege der Lizenz — die Wiedergabe erlaubt. Die Folge solcher Erlaubnis ist, daß nun jeder Dritte, der im Inland Niederlassung oder Wohnsitz hat, vom Urheber verlangen kann, daß er ihm gegen angemessene Vergütung die Erlaubnis erteilt, das Werk auch seinerseits mechanisch wiederzugeben (§ 22 LitG.). Der Grund für diese Einschränkung der Tonsetzerrechte ist die Besorgnis, daß andernfalls die ausschließliche Befugnis des Tonsetzers den Anlaß geben werde, großen, namentlich auch ausländischen, Gesellschaften zum Schaden der kleinen Industrie Monopolrechte einzuräumen. Wenn der bezeichnete Lizenzanspruch gewährt wird, erlangt der Dritte die Befugnis:

1. das Werk auf Instrumente oder auswechselbare Vorrichtungen (Scheiben, Platten, Bänder, Rollen u. dgl.) zu übertragen, die der mechanischen Wiedergabe von Musikstücken dienen;
2. die hergestellten Exemplare im Inland zu verbreiten und nach Ländern auszuführen, in denen der Urheber keinen Schutz gegen mechanische Wiedergabe genießt. Der Reichskanzler kann für das Verhältnis zu einem Staate, wo er die Gegenseitigkeit für verbürgt erachtet, bestimmen, inwieweit ein Dritter, auch wenn er im Inland weder eine gewerbliche Niederlassung noch den Wohnsitz hat, die Erlaubnis verlangen darf und daß die Erlaubnis auch für die Ausfuhr nach jenem Staate wirkt; die Bestimmungen sind im Reichs-Gesetzblatte bekanntzumachen.

Auch für die nach dem Ausland ausgeführten Exemplare muß der Fabrikant die dem Urheber zugebilligte Gebühr entrichten, ebenso für die auf Lager befindlichen, für die er noch keinen Preis erhalten hat — aber auch für die, die unverkäuflich geblieben sind. Das alles verhält sich nicht anders als beim Verhältnis des Verfassers zum Verleger im Buchverlag. Trotzdem haben die Inhaber der mechanischen Musikinstrumente sich in diesem Punkte nie gefügt, sondern haben bis zur Verabschiedung des Gesetzentwurfs durch den Reichstag weiter agitiert. Die Erfüllung ihrer Forderung war gänzlich ausgeschlossen. Dagegen spricht, daß es schlechterdings unmöglich ist, von Amts wegen die Zahl der ausgeführten Vorrichtungen festzustellen; der Umgehung des Gesetzes wäre somit eine breite Türe geöffnet. Ferner würde die geforderte Regelung sich als ein gänzlich unbegründetes Privilegium, als eine Exportprämie darstellen. Jeder Zweig der Gewerbe, der sich in gleicher Lage befindet, könnte denselben Anspruch erheben. Lehrreich ist namentlich der Musikverlag; jeder Verleger könnte fordern, daß er zum Schutz gegen den ausländischen Wettbewerb für die ausgeführten Exemplare den Tonsetzern keine Vergütung zu zahlen brauche.

Es ist möglich, daß zu dem Werke ein Text gehört, der geschützt wird und dessen Verfasser die Benutzung zur mechanischen Wiedergabe freiwillig und gegen Entgelt einem anderen gestattet hat. In diesem Falle kann der auf Grund der Zwangslizenz Berechtigte außer der Musik auch die Erlaubnis verlangen, den Text wiederzugeben. Sie wird erteilt durch den Tonsetzer, nicht den Verfasser des Textes. Der letztere hat jedoch einen angemessenen Teil der Vergütung zu beanspruchen (LitG. § 22 Abs. 2).

Die in vorstehender Art zugelassenen Vorrichtungen dürfen auch ohne weiteres zu öffentlichen Aufführungen benutzt werden. Ist die Befugnis zu Aufführungen durch den Urheber einem Dritten übertragen worden, so hat diesem der Urheber einen angemessenen Teil seiner Vergütung auszuzahlen (§ 22a). Diese Vorschrift ist ausgedehnt auf den Fall, daß keine Zwangslizenz erteilt, sondern nur ein ausschließliches Recht freiwillig eingeräumt ist.

Weitere Vorschriften über die durch die Zwangslizenz entstehenden Rechtsverhältnisse sind die folgenden. Wird die ausschließliche Befugnis zur mechanischen Wiedergabe vom Urheber einem anderen unbeschränkt übertragen, so ist die Erlaubnis von dem Erwerber zu erteilen. Bei beschränkter Übertragung ist dagegen auch fernerhin die Erlaubnis von dem Urheber zu gewähren (§ 22c).

Die Vorschriften über die Zwangslizenz setzen einen Gerichtsstand des Urhebers im Inland voraus. Dies trifft aber dann nicht zu, wenn der Tonsetzer im Ausland wohnt. Deshalb bestimmt § 22e, daß für die Klage auf die Zwangslizenz in dem bezeichneten Falle die Gerichte der Stadt Leipzig zuständig sind. Einstweilige Verfügungen können auch dann erlassen werden, wenn die in der Zivilprozeßordnung §§ 935, 940 bezeichneten Voraussetzungen nicht zutreffen.

§ 12.
Die Verbreitungsbefugnis.

Unter der Herrschaft des Gesetzes von 1870 hatte sich eine seltsame Lücke des Schutzes unliebsam bemerkbar gemacht: es war keine selbständige Befugnis, das Werk zu verbreiten, anerkannt worden. Nur dann, wenn *widerrechtlich hergestellte* Exemplare verbreitet wurden, lag eine Verletzung des Urheberrechts vor, nicht aber dann, wenn die Herstellung rechtmäßig und nur die Verbreitung ungehörig war.

Diese Rechtslage hatte vornehmlich zwei Übelstände zur Folge. Wenn das in Deutschland geschützte Werk in einem Lande, wo es gemeinfrei war, abgedruckt wurde, so konnten die Abzüge nach Deutschland eingeführt und ungestört verbreitet werden. Sie galten hier nicht als Nachdruck, und die Verbreitung war nicht widerrechtlich, weil der Urheber gegen bloße Verbreitung keinen Schutz genoß. Ferner entbehrte das geteilte Verlagsrecht des Schutzes. Zumal bei Musikalien wird nicht selten der Verlag geteilt, z. B. für Deutschland einem hiesigen, für Frankreich einem französischen Verleger übertragen. Wie gestaltet sich nun die Rechtslage, wenn die nur für Frankreich bestimmten Exemplare über die deutsche Grenze geworfen werden? Ist die Verbreitung in Deutschland eine Verletzung des Urheberrechts? Diese Frage mußte verneint werden, genau wie im vorigen

Falle: es handelte sich ja nicht um rechtswidrig hergestellte Exemplare.

Um solchen Mißständen abzuhelfen, hat das Gesetz von 1901 eine selbständige ausschließliche Befugnis eingeführt, das Werk gewerbsmäßig zu verbreiten. Leider hat sich an diese Regelung eine Streitfrage geknüpft, die, wenn sie falsch entschieden wird, den Zweck des Gesetzes vereiteln würde. Der Streit dreht sich darum, ob der Urheber einschränkende Vorschriften über die gewerbsmäßige Verbreitung nur so lange treffen kann, wie das Werk noch nicht in den Verkehr gebracht ist, oder ob er, auch nachdem dies schon geschehen ist, noch verlangen kann, daß die vorgeschriebene Beschränkung auch weiterhin bei der Verbreitung eingehalten werde.

Vorauszuschicken ist bei dieser Frage, daß die Wirkung, die die Einschränkung mit sich führt, folgende Rechtsfolgen hat. Jede Handlung, bei der durch eine gewerbsmäßige Verbreitung die ihr gezogene Schranke überschritten wird, stellt sich als eine Verletzung des Urheberrechts dar. Jede solche Verbreitung hat also die Vernichtung der verbreiteten Exemplare, Schadenersatz und bei Vorsatz auch Strafe zur Folge. Es hat nun das Reichsgericht in der Entscheidung des I. Zivilsenats vom 16. Juni 1906 (ReichsgEntsch. Bd. 63 S. 394) sich dahin ausgesprochen, daß die Befugnis des Urhebers, über die Art der Verbreitung Bestimmungen zu treffen, in alle Wege erschöpft sei, sobald das Werk durch den Verleger in den Verkehr gebracht sei; die gegenteilige Annahme würde zur Folge haben, daß den Verlegern ein so außerordentliches Recht verliehen wäre, wie keinem anderen Gewerbestande, daß sie über die Exemplare noch verfügen dürften, wenn diese schon in die soundso vielte Hand übergegangen seien. Diese Behauptung entbehrt nun freilich jedes Grundes. Der Urheber kann gegen die, die seiner Bestimmung zuwider verbreitet haben, zwar vorgehen, aber er kann nicht die Hand legen auf Exemplare, deren Eigentum bereits auf Dritte übergegangen ist. Denn nach dem LitG. § 42 Abs. 2 unterliegen der Beschlagnahme Exemplare nur, wenn sie sich noch im Eigentum der an der Verbreitung beteiligten Personen befinden. Das in der Hand des Käufers befindliche Exemplar ist also dem Zugriffe des Urhebers selbst dann entzogen, wenn dem Käufer bewußt war, daß eine an die Verbreitung geknüpfte Beschränkung der Verbreitung verletzt war. Inwiefern also die Verleger ein ganz außerordentliches Recht verliehen bekommen hätten, ist nicht einzusehen. Aber schon angesichts des Wortlauts der Vorschrift ist die Ansicht des Reichsgerichts ganz verfehlt. Nach keinem bekannten Sprachgebrauch ist eine Verbreitung damit erschöpft, daß die Bücher in den Verkehr gebracht sind; hierfür gebraucht man eben den Ausdruck „in den Verkehr bringen". So oft, sei es antiquarisch, sei es auf andere Weise, das Buch weiter vertrieben wird, liegt eben wieder eine Verbreitung vor. Zugleich aber wird vom Standpunkt des Reichsgerichts aus der Zweck des Gesetzes ganz und gar verfehlt. Denn das Gesetz hat eben die Befugnis zur Verbreitung anerkannt, damit aber auch den Satz, daß die beabsichtigte Verbreitung in dritter Hand der Aufsicht und dem Zugriff des Urhebers unterliegt. Sobald ihm diese Möglichkeit geraubt wird, ist er verhindert, gegen Dritte vorzugehen. Es ist dann im Grunde alles beim alten geblieben, und das geteilte Verlagsrecht ist so schutzlos wie zuvor.

Was sonst noch gegen die hier vertretene Auslegung des Ausdrucks „Verbreitung" vorgebracht wird, ist ohne Belang. So hat der I. Strafsenat des Reichsgerichts die Unwirksamkeit einer Beschränkung des Verfügungsrechts aus dem § 137 des Bürgerlichen Gesetzbuchs abgeleitet, wonach die Befugnis zur Verfügung über ein veräußerliches Recht nicht mit Wirkung gegen Dritte, sondern nur auf obligatorischem Wege ausgeschlossen oder beschränkt werden kann. Auch von dieser Auffassung aus würde die Annahme unzulässig sein, daß bei geteiltem Verlagsrecht der Vertrieb französischer Exemplare in Deutschland das Urheberrecht verletze. Denn es würde eine Verbreitung, die dem Verlagsvertrag zuwider erfolgt, zulässig, somit der klare Zweck der Vorschrift vereitelt sein. Im übrigen trifft auch § 137 den Fall gar nicht. Wenn irgend etwas am § 137 unzweifelhaft ist, so ist es der Satz, daß er sich nur auf obligatorische Beschränkungen bezieht. Ist die Beschränkung absoluter Natur, so geht sie dem Grundsatz vor, wonach die Befugnis zur Veräußerung des Rechts nicht ausgeschlossen werden kann. Hat bei dem Erwerbe des Eigentums der Käufer ein Vorkaufsrecht eingeräumt, so wird zwar der Erwerber Eigentümer, er muß aber auf Verlangen die Sache herausgeben. Genau ebenso ist es mit dem geteilten Urheberrecht; der Anspruch ist hier quasi-dinglicher Natur und richtet sich auf die Exemplare, die dem Vertrag zuwider verbreitet worden sind. Für die Anwendung des § 137 ist also hier kein Raum; denn der Anspruch ist nicht bloß obligatorischer Natur, sondern ist wirksam gegen jeden Dritten. Man hat scharf zu unterscheiden zwischen dem sachenrechtlichen Verhältnis zu dem einzelnen Exemplare und dem Urheberrechtsverhältnis. Hat der Urheber eine bestimmte Art der Verbreitung ausgeschlossen, so handelt es sich zunächst um das Sacheigentum an den Exemplaren. Hier liegt nur eine obligatorische Beschränkung vor; der Erwerber wird Eigentümer und erlangt die Verfügung an dem Exemplar. Das ist sogar beim Nachdruck so. Neben dieser sachenrechtlichen Regelung bestehen aber noch urheberrechtliche Beziehungen: dadurch, daß eine bestimmte Verbreitung ausgeschlossen ist, hat die Befugnis zur Verbreitung eine Einschränkung erfahren; das Recht, über die Exemplare in bestimmter Weise zu verfügen, ist nicht mit bloß obligatorischer, sondern mit dinglicher Wirkung ausgeschlossen. Dem steht § 137 in alle Wege nicht entgegen.

Zum Schluß ist noch zu bemerken: Trotz der unrichtigen Begründung sind die Urteile des Reichsgerichts im Ergebnis richtig. Aber dies beruht nicht auf einer Einschränkung des Begriffs „Verbreitung“, sondern auf einer verständigen Auslegung des Ausdrucks „beschränkt“ im LitG. § 8. — Vgl. hierüber die Erörterung im § 19 dieser Schrift.

§ 13.

Die Befugnis zur Aufführung, zum Vortrag, zur öffentlichen Mitteilung und zur Vorführung.

An Bühnenwerken steht nach dem LitG. dem Urheber die ausschließliche Befugnis zu, sie öffentlich aufzuführen (LitG. § 11). Bühnenwerke sind Schauspiele, Opern, Balletts, Pantomimen. Die Befugnis, Werke der Tonkunst aufzuführen, hat gleichfalls der Urheber jetzt, ohne daß er noch bei der Herausgabe sich die Aufführung vorbehalten müßte. Es greift jedoch hier eine Übergangsbestimmung ein. Nach dem LitG. § 61 kann zwar den schon vor dem Inkrafttreten des Gesetzes erschienenen Musikstücken nachträglich der Vorbehalt beigefügt werden. Es geschieht dies aber nur mit einer Maßgabe. Es können Noten, die nicht nachträglich mit einem Vorbehalt versehen sind, auch unter dem geltenden Gesetze zu ungenehmigten Aufführungen benutzt werden. Hieran knüpft sich eine Streitfrage. Es war zweifelhaft, ob das frühere Erfordernis des Vorbehalts bei rein musikalischen Werken sich auch auf die Musik von Opern erstreckte, sofern Teile daraus nicht dramatisch, sondern im Konzert vorgeführt wurden. Diese Frage ist praktisch geblieben, soweit es sich um die eben erwähnte Erlaubnis handelt, vorbehaltlose ältere Noten zu nichtgenehmigten Aufführungen zu benutzen. Denn vielfach waren die Opernpartituren, da sie gegen die Bühne ohnehin Schutz genossen nicht mit dem Vorbehalt versehen worden. Der Streit dreht sich hiernach darum, ob solche Noten, welche Teile von Opern enthalten, ohne weiteres im Konzert benutzt werden dürfen. Ich möchte mich in diesem Punkte der Ansicht Schusters, Urheberrecht der Tonkunst (S. 23), anschließen, daß die Opernmusik auch gegen Konzerte immer schon geschützt war. Der Tonsetzer konnte davon ausgehen, daß, wenn er seine Musik als Oper herausgegeben hatte, er ohne weiteres auch gegen eine rein musikalische Aufführung geschützt sei.

Soweit es sich um bloß musikalische Aufführungen handelt, ist übrigens das Recht des Urhebers durch mehrere Ausnahmen durchbrochen, die das LitG. im § 27 aufführt:

1. Aufführungen von Werken der Tonkunst sind stets dann gestattet, wenn sie keinem gewerblichen Zwecke dienen und die Hörer ohne Entgelt zugelassen werden. So z. B. Veranstaltungen im Dienste der Kirche, der Schule, des Heeres und der Flotte, nicht aber Konzerte in Gastwirtschaften und Bädern, auch wenn die Hörer unentgeltlich Zutritt haben.
2. Gestattet sind ferner Aufführungen bei Volksfesten, mit Ausnahme von Musikfesten.
3. Sodann in Konzerten, wo der Ertrag für wohltätige Zwecke bestimmt ist und die Mitwirkenden keine Vergütung erhalten.
4. Endlich ist zulässig die Aufführung durch Vereine, wenn nur die Mitglieder und die zu ihrem Hausstand gehörigen Personen zugelassen werden.

Während im allgemeinen zur Aufführung eines Werkes, das von mehreren herrührt, die Einwilligung eines jeden erforderlich ist, genügt bei Opern oder bei sonstigen Werken, zu denen ein Text gehört, die Einwilligung dessen, dem das Urheberrecht an dem musikalischen Teile zusteht. Auf Possen, Balletts u. dgl. erstreckt sich diese Ausnahme nicht. Der Aufführende wird im allgemeinen durch die Einwilligung des Komponisten gedeckt, ist also nicht verpflichtet, die Legitimation zu prüfen. Der Komponist, der von dem Textdichter nicht ermächtigt war, macht sich diesem ersatzpflichtig. Die gleiche Haftung trifft den Aufführenden, sofern er wußte, daß der Aufführende nicht ermächtigt war, allein die Einwilligung zu erteilen.

§ 14.

Die Ansprüche aus dem Urheberrecht, Strafen, Vernichtung.

Aus dem Urheberrecht entspringt zunächst ein Anspruch auf Unterlassung und, im Anschluß hieran, wenn dem Anspruche zuwidergehandelt wird, ein quasi negatorischer Anspruch, also die Klage auf Verurteilung des Verletzers zur Unterlassung. Im übrigen steht dem Urheber ein Anspruch auf Schadenersatz zu, sofern die Verletzung des Urheberrechts auf Vorsatz oder Fahrlässigkeit beruht. Im Falle des Vorsatzes tritt dazu noch Bestrafung ein. Den Täter trifft eine Geldstrafe bis zu 3000 Mk. (LitG. § 38, KunstG. § 32); im Unvermögensfalle wird er zu Gefängnis bis zu sechs Monaten verurteilt. Die Strafe erniedrigt sich bis auf 300 Mk., wenn die Einwilligung nur deshalb nötig war, weil an dem Werke, an dem Titel oder an der Bezeichnung des Urhebers Änderungen vorgenommen sind (LitG. § 38 Abs. 2, KunstG. § 32 Abs. 2). Gleichfalls milder, nämlich mit Geldstrafe bis 1500 Mk., wird auch bestraft, wer den wesentlichen Inhalt eines nicht erschienenen Werkes öffentlich mitteilt.

Neben der Geldstrafe kann auf Verlangen des Berechtigten auf eine Buße bis zu 6000 Mk. erkannt werden, die dann den Ersatzanspruch ausschließt (LitG. § 40, KunstG. § 35).

Unabhängig von jedem Verschulden gestatten die Gesetze (LitG. § 42, KunstG. § 37) dem Verletzten, sei es im Zivil-, sei es im Strafverfahren, die Vernichtung der widerrechtlich hergestellten oder verbreiteten Exemplare zu verlangen. Das gleiche gilt von den Vorrichtungen, die nur zur widerrechtlichen Herstellung bestimmt sind. Das Nähere über die Ausdehnung, die Durchführung und den Ersatz der Vernichtung enthalten § 42 Abs. 2 bis 4, §§ 43, 46 bis 48, 52 des LitG. und § 37 Abs. 2 bis 4, §§ 38, 39, 42 bis 45, 50 des KunstG.

Einer Klarlegung bedarf die Frage, wer bei den strafrechtlichen Verletzungen der Täter ist. Das Gesetz von 1870 bestrafte den, der in der Absicht, einen Nachdruck zu verbreiten, einen solchen veranstaltet; außerdem den, der einen anderen veranlaßt, einen Nachdruck zu veranstalten. Es war also eine bestimmte Willensrichtung zur Täterschaft erforderlich. Das bestehende Gesetz bezeichnet als Täter den der das Werk vervielfältigt, verbreitet, aufführt usw. Dabei ging das Gesetz davon aus, daß die subjektiven Erfordernisse der Täterschaft nach den allgemeinen Grundsätzen des Strafrechts zu beurteilen seien. Indessen sind bei der Auslegung Zweifel entstanden. Manche — so Allfeld, Kommentar zum LitG., Bem. 4 zum § 38 — nehmen an, daß die Täterschaft beim Nachdruck in der Herstellung bestehe. Danach würde also Haupttäter der Drucker sein, obwohl nicht er der Unternehmer des Nachdrucks ist, sondern der Verleger. Diese Auffassung wird der Rechtslage nicht gerecht. Es liegt kein Anzeichen dafür vor, daß das Gesetz von den Grundsätzen des früheren Rechtes abweichen wollte. Es wird deshalb, wie auch der Reichstag angenommen hat, der als Täter angesehen, der die Vervielfältigung in seinem Interesse herbeigeführt hat, m. a. W. der Unternehmer. Der vom Verleger angenommene Drucker ist dann nur Gehilfe, vorausgesetzt, daß er die Rechtswidrigkeit kannte.

§ 15.

Der Anspruch wegen widerrechtlicher Aufführung.

Ebenso wie in den Fällen des vorigen Paragraphen gestaltet sich das Rechtsverhältnis bei Aufführungen. Die vorher zurückgewiesene Auffassung würde hier die Annahme nahelegen, daß die Mitwirkenden, die Schauspieler und Musiker, sofern sie im bösen Glauben sind, bestraft werden müßten. In Wahrheit aber sieht die Praxis den Unternehmer der Aufführung als Täter an, nämlich den, der für seine Zwecke die Aufführung veranstaltet hat. Der Kapellmeister, die Musiker, die Schauspieler können nur als Gehilfen sich strafbar machen. Hierbei herrscht jedoch Streit darüber, welches die Merkmale sind, von denen die Eigenschaft als Unternehmer abhängt. Es ist möglich, daß der Unternehmer der Gastwirtschaft, des Konzertraums u. dgl. die Musikaufführungen als eigene Erwerbsquelle betreibt, insofern er entweder die Eintrittsgelder für sich bezieht und seinerseits den Musikern eine Vergütung zahlt oder aber die Einnahme den Musikern überläßt und Ersatz in dem größeren Zuspruch der Besucher findet. Der Unternehmer der Konzertstätte kann sich aber auch darauf beschränken, seine Räume gegen Mietzins zur Aufführung zu überlassen und weder aus dem Eintrittsgelde noch aus größerem Besuche Nutzen zu ziehen.

Im zweiten Falle hat der Unternehmer jedenfalls keine Verpflichtung, sich mit der Auswahl der Stücke zu befassen oder sie auch nur nachzuprüfen. Es macht auch nichts aus, wenn er noch vor der Aufführung Kenntnis davon erlangt, daß ein geschütztes Stück unerlaubt gespielt werden soll. Da die Aufführung gar nicht sein Unternehmen ist, hat er ebensowenig wie ein Wohnungsvermieter einen Rechtstitel, die Ausführung der unerlaubten Handlung zu verhindern. Anders, wenn er schon beim Vertragabschluß wußte, daß eine unerlaubte Aufführung geplant sei. Ein Unternehmer, der gleichwohl die Räume dazu hergibt, leistet Beihilfe zur Verletzung des Urheberrechts, wird also nur als Gehilfe bestraft.

Hat, wie in den vorher zunächst angeführten Fällen, der Unternehmer sich eine Erwerbsquelle schaffen wollen, so lassen sich drei Möglichkeiten unterscheiden:

1. Es kann der Unternehmer die Auswahl der Stücke selbst in der Hand behalten. Alsdann haftet er für diese Zusammenstellung.
2. Oder er kann einem andern, ohne ihm die Verantwortung ausdrücklich aufzubürden, den Auftrag geben, das Programm zusammenzustellen. Der andere wird meist der Kapellmeister, es kann aber auch — namentlich bei großen Badeverwaltungen — ein Angestellter des Bades sein. Die Entscheidung kann hier zweifelhaft werden. Gewiß ist der, der auszuwählen hat, haftbar, wenn er wußte, daß es der Genehmigung bedurfte. Aber er braucht keine Nachforschungen anzustellen, und in den Fällen, in denen er guten Glaubens war, ist er nicht verantwortlich. Es würde also, falls nicht der Unternehmer haftbar ist, gar kein Schuldiger zu fassen sein. Danach dürfte die richtige Lösung sein, daß der Unternehmer von der Haftung für Vorsatz und Fahrlässigkeit nicht frei ist, sich also über die Zulässigkeit der Aufführungen sorgfältig unterrichten muß, obwohl er die Stücke nicht aussucht. Vielleicht läßt sich die Auffassung vertreten, daß,

wenn der Kapellmeister wissentlich handelte, der Unternehmer nicht haftet. Es läßt sich dies damit rechtfertigen, daß alsdann die vom Unternehmer unterlassene Prüfung nicht ursächlich gewirkt hat. In diesem Sinne hat kürzlich das Reichsgericht am 18. Oktober 1909 entschieden. Ein Kurdirektor hatte auf die Programme Einfluß auszuüben und selbst Anordnungen für Aufführungen gegeben. Als der Vertreter der Genossenschaft von Aufführungen ohne deren Zustimmung hörte, machte er den Musikdirektor dafür verantwortlich; als dieser die Sachlage dem Kurdirektor mitteilte, erklärte er, der Musikdirektor solle sich daran nicht kehren, sondern ruhig weiterspielen. Das Reichsgericht hat die Entscheidung der Strafkammer, die den Kurdirektor wegen widerrechtlicher Aufforderung bestrafte, bestätigt.

3. Es kann endlich dem Kapellmeister oder einem Angestellten die Auswahl der Stücke mit der Maßgabe überlassen werden, daß er die Verantwortung für die Zulässigkeit der Aufführungen übernehmen solle. Alsdann nimmt die Rechtsprechung mit Recht an, daß er im allgemeinen von der Verantwortung frei ist. Er hat also keine Pflicht, nachzuforschen. Er haftet aber natürlich, wenn er weiß, daß ein Stück rechtswidrig aufgeführt werden soll. Er haftet ferner, wenn er den Tatbestand der rechtswidrigen Aufführung für nicht unwahrscheinlich eintretend angesehen hat (Vorentwurf zu einem Deutschen Strafgesetzbuch — 1909 — § 59 Abs. 2). Dies ist insbesondere dann der Fall, wenn der Vertreter bereits wegen einer Rechtsverletzung zur Verantwortung gezogen worden ist. Denn der Unternehmer ist verpflichtet, einen zulässigen Vertreter zu bestellen. Sobald bereits eine Verurteilung erfolgt ist, handelt er schuldhaft, wenn er gleichwohl den Vertreter beläßt und keine Aufsicht führt; er handelt dann mit eventuellem Vorsatz.

§ 16.

Örtliche Begrenzung für Klagen auf Grund des Bürgerlichen Gesetzbuchs und für die deutsche Strafgewalt im Falle von Verletzungen des Urheberrechts.

Es ist von der Wissenschaft oft behauptet worden, daß das Urheberrecht nicht durch das Recht am Orte der widerrechtlichen Tat beherrscht werde, sondern, wenn es sich gegen das Urheberrecht eines Deutschen richtet — gemäß dem Schutzprinzip — stets durch das deutsche Recht. Auch bei der Anwendung des Gesetzes von 1871 spukte — bei der völlig unklaren Fassung der Vorschriften über diesen Punkt — in den Entscheidungen diese Auslegung oft hinein. Damit hat die neue Urhebernovelle völlig aufgeräumt. Es wird über die örtliche Geltung der Urhebergesetze gar nichts bestimmt. Der Richter hat also die allgemeinen Grundsätze anzuwenden. Diese lauten dahin, daß eine Verfolgung wegen Urheberverletzung in Deutschland nur dann zulässig ist, wenn die Handlung in Deutschland begangen ist oder aber in einem Lande, wo deutsche Werke auch geschützt werden. Nachdrucke u. dgl. in Ländern, wo deutsche Werke nicht geschützt sind, behandelt die deutsche Gesetzgebung nicht als rechtswidrig.

§ 17.

Bemerkungen über die juristische Natur des Urheberrechts.

Über die juristische Natur des Urheberrechts ist in der Theorie viel gestritten worden. Nachdem der Gedanke, daß es sich dabei um ein Verlagsprivileg handele, veraltet war, wollte man es als geistiges Eigentum begreifen. Dies ist nur ein Bild und noch dazu ein unrichtiges. Denn das Eigentum, wenn es auch durch den Unterlassungsanspruch geschützt ist, gründet sich doch auf einen körperlichen Gegenstand und besteht darin, daß der Eigentümer die Sache im Besitz hat und benutzen kann. Wenn man das „Eigentum“ des Urhebers unter dem Worte „Immaterialrecht“ hat vergeistigen wollen, so kommt man für die

Erkenntnis seines Wesens damit nicht weiter. Denn jenes Wort ist eben nur eine Phrase. Man hat endlich das Urheberrecht auch als „Persönlichkeitsrecht“ dem Verständnis nahebringen wollen. Daran ist nur so viel richtig, daß das Urheberrecht allerdings auch persönliche Interessen des Urhebers schützen soll: so gegen eine vom Urheber nicht gestattete Mitteilung über den Inhalt eines noch nicht erschienenen Schriftwerks — LitG. § 11 Abs. 1 Satz 2; ferner KunstG. §§ 13, 18 Abs. 3. Im übrigen bringt auch dieser Ausdruck uns das Wesen des Urheberrechts keineswegs näher.

Im wesentlichen ist das Urheberrecht ein Vermögensrecht; es soll dem Urheber die ausschließliche gewerbliche Verwertung dessen, was er geschaffen hat, sichern. Wird nun die Frage nach seiner juristischen Natur aufgeworfen, so ist für die wissenschaftliche Konstruktion eines Rechtes maßgebend, daß es sich nur darum handelt, das Wesen des Rechtes so weit zu entwickeln, daß uns die praktischen Verrichtungen des Rechtes anschaulich werden. Von diesem Standpunkt aus ist zunächst hervorzuheben, daß das Urheberrecht keinen positiven Inhalt hat. Zwar dem Anscheine nach hat der Urheber die positive Möglichkeit, das Werk zu vervielfältigen, zu verbreiten, aufzuführen. Allein bei genauerer Betrachtung ergibt sich, daß diese positiven Ausstrahlungen der dem Urheber gewährten Rechtstellung gar kein wahres Recht ist, sondern eine actio merae facultatis, eine Handlung der allgemeinen bürgerlichen Freiheit. Der Urheber kann sein Werk verwerten, weil niemand befugt ist, ihm dies zu untersagen, in seine wirtschaftliche Freiheit einzugreifen. In Wahrheit besteht das Wesen des Urheberrechts in der bloßen Befugnis, bestimmte Handlungen zu untersagen; es ist verboten, daß ihm unerlaubter Wettbewerb gemacht werde. Auf besondere positive Handlungen hat er keinen rechtlichen Anspruch.

Dieses Untersagungsrecht ist kein obligatorisches Recht; es hat gleich den Sachenrechten absolute Natur. Sein quasi-dinglicher Charakter zeigt sich darin, daß es dem Eigentume gegenüber gleiche

Wirkungen ausübt. Wird es veräußert, so tritt der Erwerber durchaus an die Stelle des Urhebers. Der Rechtsnachfolger hat nicht etwa nur einen Vertragsanspruch auf Duldung der Verwertung des Werkes gegen den Urheber; vielmehr tritt er in das Untersagungsrecht ein, das dem Urheber gegen alle Dritte zusteht, also dem Rechtsnachfolger gegen alle Dritte eine quasi-dingliche Rechtslage sichert. Das Urheberrecht darf bei dem, dem es übertragen ist, nicht wegen Schulden des Urhebers gepfändet, noch auch in dessen Konkurs zugunsten der Masse mit Beschlag belegt werden. In alledem erweist es sich dem Eigentum gleichwertig.

Es folgt aus dem Vorstehenden freilich nicht etwa, daß das Urheberrecht allen Rechtssätzen über das bewegliche Eigentum unterworfen ist. Es finden z. B. keine Anwendung die Vorschriften, die das Bürgerliche Gesetzbuch zugunsten des guten Glaubens beim Eigentumserwerbe aufstellt (§§ 932, 934, 936). Ebenso verhält es sich, wenn jemand gutgläubig sich ein Pfand bestellen läßt an einem Urheberrecht, über das dem Verpfänder kein Verfügungsrecht zusteht (§§ 1207, 1208 BGB.).

Zur Wahrung seines Untersagungsrechts hat, obwohl die Urhebergesetze darüber nichts sagen, anerkannterweise der Urheber die Eigentumsfreiheitsklage des Sacheigentümers, die gemeinrechtliche actio negatoria. Sie richtet sich nach § 1004 BGB., wonach der Eigentümer, wenn ihm das Eigentum auf andere Weise als durch Entziehung oder Vorenthaltung des Besitzes beeinträchtigt wird, von dem Störenden Unterlassung verlangen, und sofern weitere Beeinträchtigungen zu besorgen sind, die Unterlassungsklage erheben kann, auch wenn ein Schaden noch nicht erwachsen ist. Außer dem Unterlassungsanspruch hat der Urheber, wenn der Verletzer des Urheberrechts fahrlässig gehandelt hat, Anspruch auf Ersatz des Schadens; im Falle des Vorsatzes ist der Verletzer strafbar. Ist das Urheberrecht nicht verletzt, so kann der Urheber doch sein Unterlassungsrecht dadurch wahrnehmen, daß er die Vernichtung der nachgebildeten Exemplare herbeiführt; auch hat er gegen den anderen, falls dieser ungerechtfertigt bereichert ist, Anspruch auf Herausgabe des von ihm gewonnenen Betrags.

Der verletzbare Inhalt des Urheberrechts ist übrigens nicht nur das Werk selbst, wie es der Urheber hergestellt hat. Vielmehr kann jede Ausnutzung des Werkes, die das Gesetz dem Urheber vorbehält, Anlaß geben, den andern mit den Rechtsbehelfen zu belangen, die aus einer Verletzung des Urheberrechts entspringen. Dies gilt insbesondere von Bearbeitungen und allen sonstigen mittelbaren Ausnutzungen des Werkes, zu denen nach den vorstehenden Paragraphen der Urheber allein befugt ist.

III. Kapitel.

Vererbung, Übertragung und Erlöschen des Urheberrechts.

§ 18.

Vererbung.

Das Urheberrecht geht auf die Erben über und folgt dabei, ohne daß der Witwe oder irgendwem ein Vorzugsrecht gewährt wäre, den Regeln der gesetzlichen Erbfolge. Würde jedoch nach dem Gesetze der Staat oder eine sonstige juristische Person der Erbe sein, so erlischt das Recht mit dem Tode des Berechtigten. Diesen hergebrachten Satz hatte die Regierungsvorlage von 1900 unterdrücken wollen, der Reichstag nahm indes den bestehenden Rechtssatz wieder auf. Die Gründe, die die Regierung bestimmt hatten, waren die Rücksichten auf die Gläubiger des Urhebers und die Verleger. Da diese Gründe in der Tat durchschlagend sind, wird man den § 8 Abs. 2 des LitG. einschränkend auslegen müssen, wozu die Worte „soweit (das Recht) dem Urheber zusteht" genügende Unterlage bieten. Daß dem Verleger das Recht zusteht, sich an das erblose Urheberrecht zu halten, kann nicht wohl bezweifelt werden, wenn auch das Recht des Verlegers nur ein dingliches Recht an dem Rechte des Urhebers ist. Aber man wird ferner auch den Gläubigern nicht versagen können, ihr natürliches Recht darauf durchzuführen, daß sie den Nachlaß zu ihrer Befriedigung pfänden. Auf diesem Wege kommt man zu ganz derselben Regelung, wie sie sich in dem französischen Gesetz vom 14. Juli 1866, Artikel 1 a. E., findet:

Lorsque la succession est dévolue à l'Etat, le droit exclusif s'éteint sans préjudice des droits des créanciers et de l'exécution des traités de cession qui ont pu être consentis par l'auteur ou par ses représentants.

§ 19.

Übertragung.

Das Urheberrecht kann, wie im allgemeinen jedes Vermögensrecht, unter Lebenden übertragen werden. Eine besondere äußere Form ist dafür nicht vorgeschrieben, es gilt also die Formfreiheit des bürgerlichen Rechtes. Das Gleiche gilt auch für den Akt der Übertragung, der sich an die Veräußerung anschließt. Dabei ist zwischen der bloß obligatorischen Vereinbarung und dem dinglichen Vertrag, der das Urheberrecht dem Erwerber überträgt, zu unterscheiden. Der dingliche Vertrag steht unter dem § 413 des Bürgerlichen Gesetzbuchs:

„Die Vorschriften über die Übertragung von Forderungen finden auf die Übertragung anderer Rechte entsprechende Anwendung, soweit nicht das Gesetz ein anderes vorschreibt."

Hiernach erfolgt der dingliche Vertrag durch Abtretung wie bei einer Forderung. Einer Aushändigung der Handschrift oder des sonstigen Werkes bedarf es nicht.

Die Übertragung ist nicht bloß in der Weise möglich, daß das Urheberrecht in unveränderter Gestalt, seiner Substanz nach, übergeht. Denn das Urheberrecht hat die Fähigkeit, daß es beim Urheber zurückbleiben, zugleich aber einem anderen zur Ausübung überlassen werden kann. Abgesehen von der Möglichkeit, daß die Ausnutzung auf dem Wege eines nur obligatorischen Vertrags überlassen werden kann (vgl. § 18), erfolgt die Übertragung durch die Bestellung eines dinglichen Rechtes. Das weitaus wichtigste Recht dieser Art ist das Verlagsrecht; daneben kommen auch Nießbrauch, Pfandrecht in Betracht. Das Verlagsrecht ist nicht durch das Urhebergesetz, sondern durch besonderes Gesetz vom 19. Juni 1901 geregelt. Aus den §§ 8, 9 dieses Gesetzes geht hervor, daß das Verlagsrecht nicht etwa bloße obligatorische Ansprüche begründet, sondern dem Verleger eine gesicherte quasi-dingliche Rechtsstellung gewährt, und zwar nicht nur gegen Dritte, sondern auch gegen den Urheber. Durch das Verlagsrecht erlangt der Verleger innerhalb des Rahmens des Verlagsvertrags, und soweit dieser nichts bestimmt, des Verlagsgesetzes, das Untersagungsrecht sowie die sonstigen Rechtsbehelfe des Urhebers — im Gegensatze zur Übertragung im engeren Sinne neben dem Rechtsnachfolger. Der Verleger kann diese Rechtsbehelfe auch gegen den Urheber geltend machen; dieser kann unter Umständen sogar wegen einer Verletzung des Urheberrechts bestraft werden, z. B. wenn er, während der Verlagsvertrag noch andauert, seinerseits das Werk anderweit verlegt. Da das Rangverhältnis der dinglichen Rechte sich nach dem Zeitpunkt ihrer Entstehung richtet, kann die Veräußerung des Urheberrechts an einen Dritten, nachdem der Verlagsvertrag geschlossen ist, dem Verleger nicht mehr entgegengehalten werden. Auch im Konkurse des Urhebers kann dem Verleger sein quasi-dingliches Recht nicht zugunsten der Gläubiger entzogen werden.

§ 20.

Die urheberrechtliche Lizenz.

Die Urhebergesetze haben — abgesehen von der Zwangslizenz zugunsten der mechanischen Industrie — davon abgesehen, die Lizenz zu regeln. Diese besteht darin, daß der Urheber einem andern eine bloße Erlaubnis erteilt, sein Werk in bestimmten Grenzen auszunutzen. Von einer Übertragung des Untersagungsrechts ist hier keine Rede; denn der Urheber ist nicht in der Lage, eine Befugnis zur Vervielfältigung seines Werkes zu übertragen, weil er ein solches Recht gar nicht hat. Wie früher bemerkt (S. 56) ist die Vervielfältigung nur Ausfluß der allgemeinen bürgerlichen Freiheit. Der juristische Kern des Urheberrechts ist lediglich das Untersagungsrecht. Und gerade dieses Untersagungsrecht bildet den Gegenstand des Lizenzvertrages. Der Urheber ist verpflichtet, gegen den Lizenznehmer in bestimmten Grenzen vom Untersagungsrechte keinen Gebrauch zu machen. Die Folge davon ist, daß der Lizenznehmer nun in der Lage ist, seinerseits auf Grund der allgemeinen bürgerlichen Freiheit das Werk auszubeuten.

Daß der Urheber imstande ist, einem anderen eine bloße Lizenz einzuräumen, ist zweifellos. Denn da er sein Recht beschränkt oder unbeschränkt übertragen kann, so darf er auch auf sein Untersagungsrecht verzichten, ohne doch dem Lizenznehmer sein Untersagungsrecht gegen Dritte einzuräumen.

Im geschäftlichen Verkehre kommt, was den Buch- und Musikverlag betrifft, der Lizenzvertrag kaum vor. Dagegen spielt er eine große Rolle im Gebiete des Kunstverlags; der Urheber des Originalwerks gibt dem anderen eine Lizenz, das Werk in einem anderen Kunstverfahren oder durch Photographie nachzubilden. Von viel größerer Wichtigkeit als die Übertragung des ausschließlichen Rechtes sind die Lizenzen im Bühnenverkehr. Hier werden ganz überwiegend Schauspiele und Opern nur auf dem Wege der Lizenz zur Aufführung überlassen, woher es sehr wohl möglich ist, daß das Stück nicht dem zufälligen Unternehmer überlassen wird, sondern der Bühne selbst, d. h. dem jeweiligen Unternehmer des Theaters.

Obwohl hiernach die Lizenz auf dem Gebiete des Urheberrechts eine nicht unbedeutende Rolle spielt, hat sich doch dort eine Rechtsprechung ebensowenig wie eine gemeine Meinung der Schriftsteller gebildet. Wer zu den Zweifelfragen Stellung nehmen will, muß bei den gleichliegenden Verhältnissen des Patentwesens Zuflucht suchen. Die Fragen, um die es sich für uns hauptsächlich handelt, sind:

1. Ist der, dem der Patentinhaber sein Patent übertragen hat, gehalten, die vorher einem Dritten erteilte Lizenz anzuerkennen? Oder hat der Lizenznehmer nur einen persönlichen Anspruch, also nur eine obligatorische Klage gegen den ursprünglichen Patentinhaber, während er dem Rechtsnachfolger die ausschließliche Benutzung der Erfindung belassen muß?
2. Sind auch der Konkursverwalter und der zur Pfändung schreitende Gläubiger an den Lizenzvertrag nicht gebunden?
3. Kann der Lizenznehmer, wenn ein Dritter unberechtigt die Erfindung in Benutzung nimmt, gegen ihn die Rechtsbehelfe des Patentinhabers geltend machen, ohne von diesem ermächtigt zu sein?

In Literatur und Rechtsprechung haben sich hinsichtlich dieser Fragen gewisse Schwankungen bemerklich gemacht. Sie haben indessen zur Einigkeit geführt. Bei dem Streite, ob die Lizenz im Zweifel nur obligatorische oder quasi-dingliche Wirkungen erzeuge, nimmt man an, daß es allerdings möglich sei, daß der Patentinhaber lediglich einen obligatorischen Verzicht auf sein Untersagungsrecht ausspreche.

Reichsgericht vom 17. Dezember 1886, Entsch. in Zivils. Bd. 17 S. 53. Bolze bei Gruchot Bd. 38 S. 80.

In diesem Falle würden die obigen drei Fragen zuungunsten des Lizenzträgers zu entscheiden sein. Des weiteren nimmt man jedoch an, daß im Zweifel der Lizenzvertrag dingliche Wirkungen erzeugt.

Reichsgericht vom 16. Januar 1904, Entsch. in Zivils. Bd. 57 S. 38. Bolze bei Gruchot a. a. O.

Der Patentinhaber verpflichtet sich alsdann nicht nur, von seinem Untersagungsrechte keinen Gebrauch zu machen, sondern er erklärt, er verzichte auf das Untersagungsrecht, soweit es sich gegen den Lizenznehmer richtet. Ein solcher Verzicht wirkt, da er in den Gesetzen nicht verboten ist, quasi-dinglich, steht also auch Dritten, und nicht nur dem Patentinhaber und seinen Erben, entgegen. Der Sonderrechtsnachfolger des Patentinhabers kann den Lizenznehmer, da dieser seine Befugnis schon vorher erlangt hat, nicht hindern, sie auch weiter auszuüben. Der Konkursverwalter kann das Urheberrecht, soweit der Lizenznehmer es ausnutzen darf, nicht zur Masse ziehen; der Gläubiger kann es insoweit nicht pfänden. Ob der Lizenznehmer auch Dritte verfolgen kann, die widerrechtlich von der Erfindung Gebrauch machen, ist in der Literatur streitig; z. B. wird es von Seligsohn, Patentrecht S. 147 bejaht, von Kohler, Handbuch S. 511, verneint. Ohne zu dieser Streitfrage Stellung zu nehmen, möchte ich mich dahin aussprechen, daß auf dem Gebiet des Urheberrechts infolge des absolut wirkenden Verzichts ein quasi-dingliches Recht erlangt, daß ihm gegen Sondernachfolger des Patentinhabers sowie im Konkurse und gegenüber Pfändungen schützt. Dagegen kann er nicht gegen Dritte, die das Urheberrecht verletzen, vorgehen, weil diese Möglichkeit nur mit den ausschließlichen Befugnissen des Urhebers verbunden ist, von denen ihm nichts eingeräumt ist.

§ 21.
Die Beschränkungen bei der Übertragung des Urheberrechts.

Von weittragender Bedeutung ist die Vorschrift des LitG. § 8 Abs. 3 (KunstG. § 10 Abs. 3), wonach das Recht beschränkt oder unbeschränkt übertragen, die Übertragungen auch auf ein bestimmtes Gebiet beschränkt werden kann.

Worin bestehen die Beschränkungen, die bei der Übertragung zulässig sind? Daß das Urheberrecht zeitlich beschränkt werden kann, ist stets zweifellos gewesen — so nach der Kalenderzeit oder mit einer auflösenden Bedingung oder nach Auflagen. Es ist auch möglich, daß nur ein bestimmter ideeller Teil übertragen wird. Das Urheberrecht kann ferner überall beschränkt werden, wo es sich darum handelt, dem Rechtsnachfolger nur bestimmte Befugnisse zu übertragen, oder umgekehrt solche Befugnisse dem Urheber vorzubehalten. So kann sich die Übertragung darauf beschränken, daß die Befugnis zu vervielfältigen oder eine Übersetzung zu veröffentlichen oder aufzuführen eingeräumt wird. Bei Werken der bildenden Kunst darf die Befugnis zu einer oder zu mehreren Arten von Nachbildungen durch eine vervielfältigende Kunst oder Photographie eingeräumt werden, während sich der Urheber sein Recht für andere Arten zurückbehält. Immer aber muß die Beschränkung des Urheberrechts dessen Inhalt selbst betreffen; es muß das Urheberrecht, auch nachdem es zum Teil durch die Beschränkung einem anderen zugewendet ist, noch eine selbständige Verwertung gestatten. Es dürfen aber nicht unter der Maske einer Beschränkung Bedingungen beigefügt werden, die den Erwerber zwar einengen, aber dem Urheber die Ausbeutung des Urheberrechts nicht verkümmern. Das bekannteste Beispiel hierfür ist, daß dem weiteren Erwerber eines Buches untersagt wird, unter dem Ladenpreise zu verkaufen. Es wäre ein Widersinn, hier eine Beschränkung im Sinne des § 8 anzunehmen. Zu einer klaren praktischen Scheidung zwischen den wirksamen und den nicht wirksamen Beschränkungen gelangt man, wenn man annimmt, daß das Gesetz eigentlich sagen wollte, das Urheberrecht kann geteilt oder ungeteilt übertragen werden.

Die Beschränkung auf ein bestimmtes Gebiet mußte schon bei der Erörterung der Befugnis zur Verbreitung besprochen werden (s. oben S. 37). Es ist durch diese neue Vorschrift die Möglichkeit geschaffen, Exemplare, die zufolge des geteilten Verlagsrechts nur in einem anderen Lande verbreitet werden sollen, als widerrechtlich zu behandeln und die Verbreitung als Verletzung des Urheberrechts zu verfolgen.

Druck von A. W. Hayn's Erben (Curt Gerber), Potsdam.

FSC
www.fsc.org
MIX
Papier | Fördert gute Waldnutzung
FSC® C083411

Kolibri 360 GmbH
Ferdinand-Jühlke-Straße 7
99095 Erfurt, Deutschland
produktsicherheit@kolibri360.de